和田秀樹

感情バカ

人に愚かな判断をさせる意識・無意識のメカニズム

GS
幻冬舎新書
488

感情バカ／目次

序章　賢い人も「感情」でバカになる　9

「感情を持ってはいけない」わけではない　10
知能が高いエリートが成功できない理由　12
悪いのは「感情」でなく「感情的」になること　15
感情的になると正しい判断ができなくなる　16
大事なのは「メタ認知」を働かせること　18

第一章　「感情的」とはどういうことか　23

フーテンの寅さんは感情的な人　24
すぐ怒鳴る人、泣く人、手が出る人　25
大脳皮質のブレーキが利かない状態　27
不機嫌が顔に出る人は損　30
嫌味は危険な感情表現　34
人間を最も感情的にさせるのは「不安」　36
私が面接入試に反対する理由　41
「あきらめる」は理性的でなく感情的な判断　42

恨みの感情がエスカレートした最悪のパターン 45
モテない原因はルックスよりも劣等感 46
自己愛が傷つくと攻撃的になる 49
「いつかは勝ってやろう」というジェラシー型嫉妬 51
「相手を潰したい」というエンビー型嫉妬 53
エンビー型嫉妬が日本をダメにする 55
年を取るほどキレやすくなるメカニズム 57
暴走老人とクレーマーに起きている「保続」 59

第二章 こんな心理状態になると判断がゆがむ 63

良い忖度、悪い忖度 64
「空気が読めない」の語にひそむ暗黙の考え方 67
損得もないのに周囲に合わせてしまう心理 69
行動経済学とは何か 71
「得する」より「損しない」ほうを選ぶ心理 73
つい行きつけの店に行ってしまう理由 76

選挙で現職を勝たせる「現状維持バイアス」 78
損をしているときほど大ばくちを打つ心理 81
カルトに金をつぎ込む「認知的不協和」の心理 83
非人道的な命令にも素直に従ってしまう心理 86
人は知らないうちに感情的になっている 90

第三章 感情バカになりやすい人 93

知的な人でも気分や感情で判断が変わる 94
なぜアメリカの経営者はお抱えの精神科医を持つのか 97
振り込め詐欺に見る、人を感情的にさせるテクニック 100
時間を切られるだけで正しい判断ができなくなる 103
周囲に相談させない「情報遮断」のテクニック 105
「誰が言っているか」で決める「属人思考」 106
「嫌いな人でもいいことを言うことがある」と考える 108
「かくあるべし思考」の悪循環 111
グレーを認められない「二分割思考」 113
プロセスにこだわり目的が見えなくなる人 116

第四章 ＡＩが政治をやったらどうなるか 121

「感情に左右されない判断」のモデル 122
確率の低い不安に振り回されない 124
怒りの感情に振り回されない 128
ポピュリズムに振り回されない 131
ＡＩは戦争をやらないと考える理由 135
ＡＩにアドバイスさせれば政治がまともになる 137
ＡＩは人間を支配するようになるのか 140
ＡＩに感情を持たせるべきか 142

第五章 「感情の奴隷」にならないために 145

不適応思考、二二のパターン 146
決めつけない、柔軟になる 150
怒っていい、不安になってもいい 151

難しいことをやっても前頭葉は鍛えられない 153
過労・睡眠不足を避け、ストレスをためない 156
感情的にならないとは「大人になる」こと 158
確率や数字で考える 160
本当に心配すべきはニュースにならないこと 163
損か得かで考え「勘定的」になる 166
時間をかけて考える 168
自分に都合のいい判断をしていないかチェックする 171
自分の認知パターンを修正しなければ意味がない 173
正解を求めすぎない 176
愚痴を聞いてもらう、頼る、相談する 179
あとがき 182

図版・DTP 美創

序章
賢い人も「感情」でバカになる

「感情を持ってはいけない」わけではない

私は二〇一三年に、『感情的にならない本』(新講社ワイド新書)を上梓し、おかげさまで多くの読者を得ました。「心が平穏になった」「考えるヒントが詰まっていた」「自分をみつめ直すきっかけになった」といった声をいただき、大変ありがたいことです。

ただ、本が売れて話題になると、勘違いや誤解をする人も出てきます。タイトルだけ見て書いているのかもしれませんが、ネットの書評などでは、まるで私が「感情を持ってはいけない」「怒ってはいけない」「不安になってはいけない」などと主張しているかのように書いている人がいました。

しかしもちろん私は、そんなことを言いたいわけではありません。喜怒哀楽などの感情を持つのは、人間にとってごく当たり前のことです。

たとえば私自身、ひとりで車を運転しているとき、前の車が黄色信号で急ブレーキをかけたりすると、「危ないじゃないか!」「今のタイミングなら止まる必要はないだろう!」などと怒ってしまいます。人にはちょっと見せられない姿です。

でも、クラクションを鳴らして相手に抗議することはありません。誰にも見られず聞かれることもない密室で、感情をさらけ出すだけです。

また、時間がなくて焦っているときは、やや乱暴にスピードを出して走ることもありますが、ノロノロと走っているよその車を煽《あお》ったりは決してしません。相手の感情を刺激して怒らせても何もいいことはなく、かえって危険だとわかっているからです。

大事なのは、感情を持たないことではありませんし、そもそも生きている以上、感情を持たないことなどできません。

それに、感情があるからこそ人生は楽しいとも言えます。好きな人と恋愛をしたり、俳優やミュージシャン、スポーツ選手などのファンになって楽しい時間を過ごしたりできるのは、「好き嫌い」という感情があるからです。

また、怒りの感情が良い方向に働くこともないわけではありません。たとえば政治家の欺《ぎ》瞞《まん》や不正、ブラック企業による搾取《さくしゅ》、上司のセクハラやパワハラなどに対して怒りの声を上げ、抗議行動を起こすことには、社会や自分自身を不正から守るという大きな意義があります。

個人の生活の中でも、普段は物静かな人が怒りや悲しみをあらわにすることで、周囲がその人のことを理解し、人間関係が良くなるといったようなことは、少なくないのではないでしょうか。もちろん感情的な衝突によって事態が悪化することもあります（だから私は怒ってもクラクションを鳴らさないわけです）が、相手の感情が見えなければ、そもそも人間がお互いを理解し合うことはできません。

知能が高いエリートが成功できない理由

ですから私は、他人に迷惑をかけず自分が損をしなければ、どんなネガティブなものであれ、人間が感情を持つことを否定するつもりは全くありません。しかしこの、「感情が原因で、他人に迷惑をかけ、自分も損をする」ということが、一般に想像されている以上に多いのが現実なのです。

たとえば、かつてアメリカで、ハーバードのビジネススクールのような一流の大学院を出ても社会的な成功者になれない人が、およそ二割もいることが問題視されたことがありました。二割が高いか低いかは、何をもって「成功」とするかの定義にもよりますが、ここでの「成功」は、そんなに達成困難なものではありませんでした。そして成功者になれない人が二割という結果は、東大出身者をはじめとする日本の高学歴者よりも高いくらいでしょう。

ハーバードのビジネススクールに入るには、ペーパーテストをクリアするだけでなく、面接やリポートでも高評価を得なければなりません。入学すれば、学者による講義だけでなく、実業界や政界などで成功した人々からも多くの実践的な知識や知恵を教えてもらえます。ペーパーテストだけで入学し、大学の外の世界を知らない教授の講義だけ受けて卒業していく東大出身者より、成功者の割合は高くなって然るべきでしょう。

にもかかわらず、その割合が低いのはなぜなのでしょうか。

心理学的な研究から明らかになったのは、「感情の能力」の不足でした。正式には、英語で「Emotional Intelligence Quotient」といいます。「知能指数＝ＩＱ（Intelligence Quotient）」との対比で「ＥＱ（心の知能指数）」とも呼ばれ、二〇年ほど前にそれを紹介する本が日本でもベストセラーになったことがあるので、見聞きしたことのある人も多いでしょう。

この概念を考案したエール大学のピーター・サロベイとニューハンプシャー大学のジョン・メイヤーによると、ＥＱには（１）自分の感情を正確に知る、（２）自分の感情をコントロールできる、（３）自己を動機づけられる、（４）相手の感情を知る、（５）社交能力がある、という五つの要素があります。

五つのうち三つまでが「感情」に関わる問題であることを見れば、「感情」が社会的な成功に大きく関わっているのは明らかです。特に（2）の「感情のコントロール」がうまくできないと、高学歴の知的エリートでも大きな失敗をすることがあるのは、秘書に激しい暴言を吐いて騒動になった豊田真由子前議員の一件を知っている日本人には、大きく頷《うなず》ける話だと思います。

感情のせいで損をするのは、怒りを爆発させて問題行動を起こしたり、人間関係を悪くしたりすることだけが原因ではありません。感情によって物事の認知や思考がゆがんで、愚かな判断を下してしまうこともあります。

たとえば不安に囚《とら》われた人は、なかなか物事を冷静かつ客観的に考えることができなくなります。不安を感じるからこそ正しく対応できることもありますが、過剰な不安を抱くと、あとでもお話しするように、パニックになったり、一つのことに囚われてほかの選択肢が考えられなくなったりします。

もし、日々の生活にも苦労するほどしか収入がないのに、夫が「泥棒に入られるのが不安だ」と自宅に月一〇万円のセキュリティシステムを導入すると言ったら、妻は「そんなのバカげている」と反対するでしょう。

でも不安に陥った人間は、そういう衝動的な判断をしてしまうことが往々にしてあるのです。そして、それは個人レベルで起こるだけでなく、社会レベルでも起こることがあります。どこか特定の勢力やマスメディアなどが戦争の恐怖を必要以上に煽り、国民の間に強い不安感が広がったら、どうなるでしょう。極めて可能性の低い戦争に備えるために膨大な軍事費を使い、将来はるかに高い確率で自分のためにもなる、現実に困っている人を助けるための福祉予算を大幅に削減してしまうかもしれないのです。

悪いのは「感情」でなく「感情的」になること

ここで、本書での言葉の使い方について、簡単に説明しておきます。

「感情」という言葉は、誰もが知っていて、日常的にもよく使われます。ですが、感情とはいったい何なのかということは、科学的にはまだよくわかっておらず、脳科学や精神医学、心理学上の定義もはっきりしません。

それはそれで専門的にとても興味深い分野ではありますが、本書では、そのレベルの理解は必要ありません。ひとまず広辞苑にある「喜怒哀楽や好悪など、物事に感じて起こる気持」という理解で十分です。

本書では「感情的」という言葉もよく登場します。感情的とはどういうことかについては、のちほど、脳の働きからあらためて説明します。ですが、ひとまずは、これも広辞苑ですが、「理性を失って感情に片寄るさま」という理解で十分でしょう。先のEQの条件に出てきた感情コントロールがうまくできていない状態が「感情的」であるとも言えます。本書では、理性と感情がバランスを失って感情が過剰になり、言葉や行動に表れてしまうこと、またそれによって思考や判断がゆがむことまで含めて「感情的」と言っている場合もあります。

この二つの言葉を使うなら、「感情が悪いのではなく、感情的になるのが良くない」というのが本書のスタート地点と言えます。

感情的になると正しい判断ができなくなる

最近では、東芝や神戸製鋼といった大企業で、信じられないような不祥事が相次ぎました。東芝の不正会計にしても、神戸製鋼の製造データ改竄《かいざん》にしても、「なぜ優秀な高学歴のエリート社員たちがあんなバカなことをするんだ？」と首をひねりたくなります。

しかしこれも、ある種の感情が判断を狂わせているのだと言えます。それが不正であることはわかっていても、「今発覚すれば会社が大変なことになるし、自分もクビになるかもしれない」という不安や恐怖が先に立ち、悪事を正すどころか温存させることを選んでしまうのです。

また、そこには社内で働く同調圧力も影響しているかもしれません。本当はおかしいと思っていても、所属する集団内で「ＫＹ（ケーワイ）」と言われるのが怖くて、周囲に合わせて黙ってしまう。大企業の社員にかぎらず、誰にでもそんな経験があるのではないでしょうか。

それらも、感情的になることで判断がゆがめられているのだと言えます。ある種の感情の有無・多寡によって、人間の判断は違ったものになってしまう。本来は正しい判断ができるだけの知的能力があるはずの人が、ときに、誰が見ても「おかしい」と思うような判断をしてしまうのは、感情の影響が大きいのです。

先ほど、「好き嫌い」の感情は人生を楽しむのに欠かせないとお話ししましたが、一方で、それによって間違った判断をしてしまうことも少なくありません。恋人を好きになるのはいいのですが、相手に尽くすあまり、言われるままに詐欺や横領のような犯罪に手を染めてしまうこともあります。

人間には、好きな人の言うことは何でも正しいと信じ込み、嫌いな人の言うことは受け入れないという傾向もあります。本来、人間としての好き嫌いと、意見の正しさは別物のはずなのに、「好き=正しい」になってしまうのです。

また、何かが好きな人は、それを肯定的に評価する自分に都合の良い情報ばかり見るようになるので、判断が偏ることもよくあります。

政治の議論で、いわゆる「右」と「左」の人たちがお互いに歩み寄れなくなるのも、その影響が多分にあるでしょう。それぞれが自分の主張に合う本やネット情報ばかり読んで、「やはり自分の考えは正しい」という思い込みを深めているのです。

本来は、自分とは異なる意見にも耳を傾けることで思考の幅は広がり、より正しい判断を下すことができます。ところが今は本もネット通販で買うことが多く、その場合は「これを買った人はこれも買っています」と類似テーマの本がどんどん紹介されるようになりました。ネット情報は、基本的には似た情報とリンクでつながっています。昔よりも、「好き嫌い」による認知バイアス（認知の偏り）がかかりやすい時代になっているのです。

大事なのは「メタ認知」を働かせること

人間は自分の感覚や直感によってとっさに判断を下し、間違いを犯すことが少なくありません。

ごく単純な例を挙げるなら、私たちの脳は人間や動物などの「顔」を視覚的に認識しやすくできています。そのほうが外敵が見つけやすく生き延びやすいからです。しかし、その能力が高いおかげで「誤認」も珍しくありません。壁や天井のシミなどが、顔に見えてしまうことは誰でもよくあるでしょう。いわゆる心霊写真の中にも、何でもない陰影が顔のように見えていることが多いものです。

これと似たような誤った認知や、それに基づく判断ミスのパターンは枚挙にいとまがありません。人間にはほかの動物にはない知性がありますが、だからといって常に合理的な判断を下すとはかぎらないのです。

それを踏まえて構築されたのが、二〇一七年のノーベル経済学賞の対象にもなった「行動経済学」です。従来の経済学は、人間がみんな合理的な判断に基づいて行動することを前提に組み立てられていました。しかし、それでは現実をうまく説明できません。そこで行動経済学では、人間は不合理な行動を取ることもあるという前提で経済を考えます。不合理な判断をしてしまう、「人間によくある心理」のパターンについては後述しますが、それが人間の実像である以上、そう考えたほうがより現実に合う理論を立てられます。

本書では、そういう「人間によくある心理」も、広い意味の「感情」だと捉えています。怒りや不安、好き嫌いにより感情的になった場合と同様、私たちの判断を曇らせるものだと考えます。ある意味、本書で「感情」として取り扱うのは、「AI（人工知能）に備わっていないもの全般」だとも言えるかもしれません。

AIは膨大なデータから与えられた問題に対する最適解を出そうとしますが、あえて設計者がそこに感情的な要素をインプットしないかぎり、怒りや不安や好き嫌いによって判断を変えることはありません。逆に言うと、私たち人間は、よほど強く自覚しないかぎり、AIのように物事を判断することができません。

とはいえ、できるだけ感情的になることを抑え、できるだけ合理的に判断して行動するのは可能です。そのために必要なことの一つが、自分で自分の心の動きを外から観察してチェックすること。これを心理学では「メタ認知を働かせる」と言います。

メタ認知については最終章でお話ししますが、メタ認知は「能力」ではなく「態度」「心がけ」です。「能力」だとそれが高い人と低い人、あるいは持っていない人がいるような気がしてしまいますが、「態度」なので、自覚さえすれば誰でも身に付けることができます。つまり、メタ認知を働かせられるかどうかは、「できるかできないか」ではなく、「やるかやらないか」で決まるのです。

以上、序章では本書の問題意識、基本の考え方についてお話ししました。

以下の章では、読者の皆さんが、決して頭は悪くないのに感情によってバカな行動を取ってしまう「感情バカ」、感情に支配されて愚かな判断をしてしまう「感情の奴隷」にならないためにはどうすればいいのかについて、感情的になるメカニズムやゆがんだ判断や思考のパターンなども交えて、お話ししていきたいと思います。

皆さんの今後のより良い人生のために、少しでもお役に立てれば幸いです。

第一章

「感情的」とはどういうことか

フーテンの寅さんは感情的な人

「そんなに感情的にならないで、もっと落ち着いたほうがいいよ」

「ウチの部長は感情的な人間だから、仕事がやりにくいんだ」

このように、私たちは日常生活の中で〝感情的〟という言葉を何気なく使っています。

序章でもお話ししたように、広辞苑には「理性を失って感情に片寄るさま」とあります。

では、感情的な人とは、具体的にはいったいどういう人を指すのでしょうか。

一般的なイメージでは、感情が言動に出てしまう人、たとえばカッとなったらすぐ怒鳴ってしまうとか、あるいはつい手が出てしまうといった人がそれに当たると思います。

私は一九六〇年生まれですが、私と同じくらいの世代の人たちは、七〇年代半ばに人気を博したテレビドラマ『寺内貫太郎《てらうちかんたろう》一家』の主人公の親父さんをイメージするかもしれません。カッとなったらすぐ怒鳴り散らす。ちゃぶ台をひっくり返して息子と取っ組み合いのケンカをする。そのようなシーンが毎回放送されていました。たしかにああいうタイプの人は感情的であると言うことができます。

もっとも、ただ怒鳴ったり手を出したりするだけでは単なる乱暴者です。親父さんには情にもろく、親分肌で面倒見の良いところもありました。そういう点では、映画『男はつらいよ』の主人公であるフーテンの寅《とら》さんと、どこか通じる部分があったと思います。寅さんも、すぐに相手を怒鳴りつけたり、そうかと思えば不意にすねたりと、喜怒哀楽がはっきりしていました。彼もまた感情的なタイプと言っていいでしょう。

日本には、こういうタイプの人を主人公にしたドラマが多いように思います。日本人に感情的な人が多いので、そのステレオタイプを主人公に持ってきたというよりは、逆に、日本人の一般的な気質として感情を強く表に出す人が少ないからこそ、あえて面白みを狙って主人公に設定したのではないかと思います。

すぐ怒鳴る人、泣く人、手が出る人

感情的と言えば、秘書に対する暴言・暴行で話題になった豊田真由子前議員を思い浮かべる人もいるかもしれません。

豊田氏は東大法学部を出て厚生労働省（旧厚生省）に入省。さらにハーバード大学大学院で修士号を取得し、再び厚生労働省に戻ってキャリアを積んだ後に衆議院議員になりました。典型的なエリートタイプです。

普段はおとなしくて愛想が良いというイメージだったとのこと。ですが、報道番組などで公開された録音データを聞くと、秘書と二人きりになると、激しく叱責したり、怒鳴ったり、あるいはなじったり、そうかと思えば突然ミュージカルみたいに歌い出したり。挙句の果てには手まで出してしまうわけですから、視聴者の目には、感情的な人の典型のように映ったことでしょう。

あのニュースを見て、寅さんや寺内貫太郎と同じように、豊田氏をほほえましく感じた人はいないと思います。「情けない人」「ダメな人」という印象を持った人が圧倒的に多かったのではないでしょうか。

私の個人的な印象では、最近の夫婦ゲンカでは、妻が夫を怒鳴りつける、わめきちらす、激しく泣く――といったように、女性のほうが感情を出しやすいというイメージがあります。

もちろん現在でも、夫から妻へのドメスティック・バイオレンスみたいなものは少なくないと思います。ですが、昔と比べると、今はどちらかと言えば女性のほうが感情を表に出す人が多いように思います。そういう妻の姿を見て、夫のほうは「こいつは本当に感情的な女だなあ」と思ってしまうようです。

いずれにしても、世間一般のイメージで言うところの感情的な人とは、やはり感情が言動に出てしまう人、つまり、怒鳴りつけてしまう、泣いてはいけない場所で泣いてしまう、わめく、不意にすねてしまう、あるいはカッとなって手が出てしまう——こういう人たちのことではないかと思います。

感情が表に出てしまう人というのは、一般的には、感情のコントロールが悪い人とされています。アメリカのような銃社会では、感情のコントロールが悪いことが、肉体的な暴力にとどまらず、ピストルを撃つという行為につながってしまいます。そのため、アンガーコントロール（怒りのコントロール）が、昔から重要視されています。

日本人の場合、そこまでアンガーコントロールが必要な人は、そうそう多くないでしょう。とはいえ、できるだけ間違いを起こさないようにするという意味では、怒りの感情をコントロールする技術を身に付けておく必要があります。

大脳皮質のブレーキが利かない状態

怒りの感情だけでなく、他の様々な感情のコントロールが悪いときも、人間は誤った判断をしたり、暴走したりしがちです。それらをひっくるめて、感情的にならないためにはどうすればよいのか。その方法論については後の章でお話しします。

その前に、感情的ということを、最近の科学ではどう説明しているか、ちょっと見てみましょう。

現在の脳科学では、感情は基本的に、大脳辺縁系、特に扁桃体《へんとうたい》というところでつくられるとされています。つまり、私たちの怒り、喜び、悲しみ、恐れなどは、大脳辺縁系と密接に関係しているというわけです。

ここで、人間の脳の構造を簡単におさらいしてみましょう。

次頁の図のように、私たちの脳（大脳）は、大きく分けると「大脳皮質」「大脳辺縁系」「脳幹」という三つの部位で成り立っていて、それぞれに役割があります。

外側の大脳皮質（新皮質）は、思考や判断、言語機能など、精神活動の中心的な働きを司っています。

その内側にある大脳辺縁系は、記憶と、今述べたように感情に関することを司っています。

脳と脊髄を結ぶ脳幹は、生命維持に関することを司っています。

たとえば、怒りが大脳辺縁系で生じると、交感神経を刺激したり、あるいは体のいろいろなところに命令が行って、表情をつくったり、怒鳴りつけたりといった行動になります。怒鳴りつけるとは、怒りという感情を言語として表すわけですから、言語を司る大脳皮質も絡んできます。

ところが、大脳皮質とは、これまでの経験をもとにして感情の暴走を止め、理性的な行動を取らせようとする、つまり感情の行動化にブレーキをかけてくれる部位ともされています。

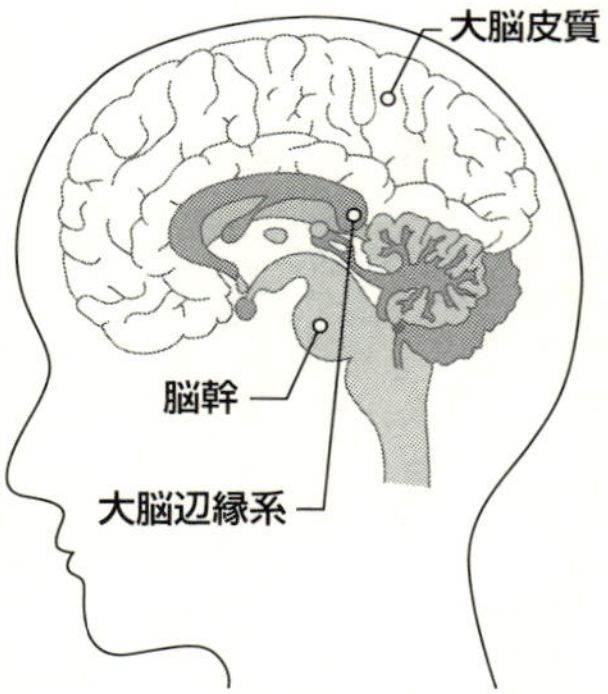

ということは、感情的であるとは、大脳辺縁系でつくられる感情のテンションが高い状態だけを言うのではありません。感情のテンションがそれほど高くなくても、大脳皮質のブレーキがあまり利いていない状態も、感情的になっていると言えるわけです。

それとは反対に、感情のテンションが高くても、大脳皮質のブレーキの性能が良ければ、そこで制御が利くので、怒鳴るという行為にまでは至らないということになります。

先ほど例に挙げた豊田真由子氏の場合は、もともと感情のテンションが高い人なのかもしれませんが、大勢の人がいるところなどでは、おそらく大脳皮質を必死に働かせて、ブレーキをかけていたのでしょう。それが、目下の相手と二人きりになったことで、ブレーキがすっかり緩んでしまい、あのような言動に至ったのではないかと思います。

つまり、脳科学の立場で見れば、感情的な人とは、感情のテンションが高い人だけでなく、大脳皮質による感情のブレーキがうまく働かない人も含むと考えることができるわけです。

不機嫌が顔に出る人は損

怒りの感情をそのまま言葉にしてしまう人や、あるいは手が出てしまう人は、もちろん感情的な人と見られます。もう一つ、実は意外に感情的だなと見られるのは、感情が顔に表れる人、表情に出てしまう人です。

ひどく怒っているわけではないけれど、明らかにふてくされた顔をしているとか、言葉尻などから不機嫌であることがわかるといった人がいます。こういう人は、瞬間湯沸かし器的に怒りっぽい人よりも、不適応（環境や状況に適応できない状態）に陥りがちなので、注意が必要です。

というのも、気に入らないことがあるとすぐカッとなって「このバカ！」「なんだ、お前は！」と怒鳴りつけたり、あるいは手を出したりしてしまう人は、そうすることでスカッとするのか落ち着くのかわかりませんが、その瞬間湯沸かし器的な状態が終わると、比較的冷静になります。

それに対して、感情を抑えているつもりだけれども不機嫌さが明らかに顔に出てしまう場合は、その表情が長く続きがちです。周囲は、そういう人に対して、より不快感を抱くことが多いのです。

ドラマの世界でも、寅さんや寺内貫太郎などは、感情的であっても憎めない人として描かれます。ですが、怒りを言葉や行動には出さない代わりにずっと仏頂面をしている人が好感を持たれるということは、ドラマの世界はもちろんのこと、現実にもほとんどありません。

ポーカーフェイスという言葉があるように、トランプのポーカーゲームでは、感情が顔に出ない人のほうが、本音が読み取られなくていいと言われています。

ですが実際問題としては、感情的な人が感情を隠すのは、そんなに簡単なことではありません。たとえば怒りを抑えているつもりでも、その怒りの感情を不機嫌な顔という形で表している人は少なからずいます。

これは様々な実験でわかっていることですが、人間の表情は、一般的に思われている以上に、相手に多くの情報を伝えています。

アルバート・メラビアンというアメリカの心理学者は、言語情報と聴覚情報と視覚情報が矛盾した場合、相手が最も重視するのは視覚情報だということを、実験を踏まえて述べています。

たとえば、上司が浮かない表情で「よくやったな」と部下を褒めたとします。こういう場合、部下は褒め言葉そのもの（言語情報）よりも、浮かない表情（視覚情報）のほうに注意が向いてしまうのです。

つまり、言っていることと声のトーンやボディランゲージ、表情などに矛盾があるときは、言っている内容よりも、声のトーンやボディランゲージ、表情で表現されているものが、判断の基準になってしまうわけです。

あるいは、精神分析の世界には、「投影同一化」という理論があります。言葉にしなくても、怒りの感情などが相手に届いて、それによって相手を怒らせてしまうことがあるという考え方です。

ただ、たとえば怒りの感情があるとき、全く表に出さなくても、それがテレパシーのように伝わって相手が怒るということは、ほとんどないでしょう。

そうではなく実際問題としては、言葉にはしていなくても、不機嫌な表情や話し方からこちらのアグレッション（攻撃性）が伝わり、相手も不機嫌になってしまうのだと考えられます。

だから、感情が顔に出やすい人は、自分が思っている以上に、感情が相手に伝わっていると考えたほうがいいのです。

特に怒りの感情が表情に出ている人は、瞬間的に暴言を吐いたり手を出したりする人以上に、相手を不愉快にさせることがあります。

また、不安気な表情を浮かべている人は、周りの同情を引くこともあるかもしれませんが、「不安耐性の弱い人だなあ」「臆病な人だな」と見られてしまうことも、十分に考えられます。

いずれにしても、感情が表情に出る人というのも、やはり感情的な人であると言うことができます。

嫌味は危険な感情表現

暴言や暴力など感情が言動に出てしまうパターンと、感情が顔に出るというパターンの、良くないパターンを二つ示しました。三つ目に挙げられるのは、感情が自分のしゃべっている言葉をゆがめてしまうというパターンです。

いちばん典型的なのは「嫌味」と言われるものです。広辞苑には「相手に不快感を抱かせる言葉や態度。いやがらせ」とあります。

「そんな嫌味な言い方をしなくてもいいじゃないか」

こういう言葉を日常の中で聞くことがあります。

同じ内容をしゃべっていても、腹の中にある怒りみたいなものが言葉ににじみ出てしまい、相手がアグレッシブなものを感じるということは、往々にしてあります。

私は昔から映画が非常に好きで、映画監督としても数本の映画を撮っています。その際、台詞《せりふ》の言葉づらそのものには何らアグレッシブなところがないにもかかわらず、ちょっとしたニュアンスで相手をねちねちと責めるだとか、相手に対して不快感を示すといった演出をすることがあります。

現実生活にそういうことが多いので、それによってリアリティが生まれるわけです。

最近でこそパワハラとして問題視されるようになりましたが、ひと昔前は、「お前みたいなヤツがよく給料をもらえるもんだ」といった嫌味を投げかけて、部下を叱咤《しった》することはよくあったように思います。

さらに嫌味の場合、相手を攻撃するという意図そのものは意識されているので、より効果的な嫌味の言葉が見つかったら、それをさらに付け加えてしまうという傾向があります。言ってみれば、嫌味の自己増殖メカニズムです。

たとえば、「お前みたいなヤツがよく給料をもらえるもんだ」だけで終わればいいものを、さらに追い打ちをかけるように「給料泥棒という言葉があるが、お前の場合は泥棒というよりも給料強盗だな。いや給料テロリストと言ってもいいくらいだ」みたいな言葉を付け加えて、さらに相手に対してアグレッシブになってしまうというわけです。

そうすると、部下の側としても、自分に落ち度があるとわかっていても、嫌味な言葉や皮肉に対しては、単純に怒鳴られる以上に、反発の感情を抱きがちです。「たしかにあいつのミスは大きいけど、あんな言い方はないよな」と、周囲を敵に回してしまう可能性もあります。

そして気を付けなければいけないのは、先ほど挙げた、感情が顔に表れる人と同様、嫌味を言っている人も、本人は感情を抑えていると思い込んでいることが多いということです。それどころか、「感情的にならずに自分の不快感を上手に相手に伝えている自分は、理性的でインテリジェンスが高いんだ」と勘違いしていることすらあります。

カッとなりやすい人とは、自分は感情的な人間だと気付いていることが多いのですが、嫌味を言うタイプの人は、感情的な人間であるという自覚がないのが特徴です。

また、これはあとでお話しすることでもあるのですが、基本的に人間は感情的になると、ほかの可能性が考えられなくなり、思考パターンや言動のパターンが一方的になりがちです。嫌味を言っているときも感情的になっているわけですから、ほかの可能性が考えられなくなり、やはり相手を一方的に攻撃するというパターンに陥ってしまいます。

ネチネチと嫌味を言い続けるタイプが、周りから好かれることはまずありません。好かれないだけでなく、最近では、部下からパワハラで訴えられるリスクもあります。結論として、嫌味は、とても危険な感情表現の一つだと言えます。

人間を最も感情的にさせるのは「不安」

感情的な人の例として、怒りがすぐ行動化してしまう人、不機嫌な表情や嫌味のような言語表現となって表れる人についてお話ししてきました。

実はもう一つ、人間を最も感情的にさせるものとして、「不安」が挙げられるのではないかと、私は考えています。

のちほど不安感情が思考パターンに与える悪影響についてお話しするつもりですが、この項では、不安というものがいかに人間を感情的にさせるかについて考察してみたいと思います。

典型的なケースが「振り込め詐欺」です。

当初「オレオレ詐欺」と呼ばれていたものが、「振り込め詐欺」と改称され、ニュースなどでよく報じられるようになったのは二〇〇四年頃でした。あれから十数年も経《た》っているのに、いまだに被害に遭う人が少なくありません。

ちなみに警察庁の発表では、二〇一六年度の振り込め詐欺を含めた特殊詐欺の被害額は約四〇六億三〇〇〇万円、認知件数も一万四一五一件と驚くべき数字になっています。

テレビやラジオ、新聞など、様々なメディアを通して再三注意喚起が行われているにもかかわらず、毎年たくさんの人が被害に遭い、巨額のお金が奪われています。これは、不安になることで理性が失われ、「誰かに相談する」というような、当たり前のステップを吹っ飛ばしてしまうケースが多々あるからでしょう。

詐欺の中には、もちろん儲《もう》け話的なものもたくさんあります。ですが、それよりずっと被害者が多いのは、相手の不安感情に付け込む形のものだと考えられます。

たとえば振り込め詐欺では、詐欺師たちが次のようなことを言ってくるケースがあります。

「私は弁護士です。あなたの息子さんがチカンをして捕まりました。しかし、今すぐに五〇万円を用立てて示談にすれば、即時釈放されるし、明日もちゃんと会社に行けるし、何もなかったことにできます。そのために使いをやるので、すぐにお金を渡してください。こういう事件というのは、被害者が示談にしてもいいと言っているうちに早くお金を渡して解決しておかないと、あとで大変なことになりますよ」

あるいは、次のようなパターンもあるでしょう。

「お宅の息子さんが会社の金を使い込んでしまいました。幸いなことにまだ打つ手があります。今日の三時までに銀行に返しておけば、経理上は汚れないので問題にはなりません。しかし、振り込まなければ、減った金はどうしたのかということで大問題になることは確実です。そうなると息子さんは会社をクビになるだけでなく、下手をしたら業務上横領の罪で刑事告訴されることも考えられます。そんな事態を避けるためには、時間内にお金を返さなくてはなりません。銀行ですぐに下ろすといっても、この金額だとキャッシュカードで下ろせないので、まずは銀行の窓口に行ってください。そこで下ろしたら、会社の人間にその場で渡してください。こちらが会社の銀行口座に入れますから……」

振り込め詐欺については第三章であらためて検討しますが、どちらの場合も、まず考える時間を与えないのがポイントです。そしてもう一点、電話を受けた側が、「息子が会社をクビになるんじゃないか、犯罪者になってしまうんじゃないか」という不安心理に囚われてしまうことが、詐欺を成功させる大きな要因になっています。

後になれば、ほとんどの被害者が、「なんで周りに相談しなかったんだろう」「焦らずにもっと冷静に対応すればよかった」と思っているはずです。

しかし、不安に囚われているときは、感情が思考に勝ってしまい、そういうことが頭に浮かんでこない。その点で、不安は人をとても感情的にすると言うことができます。

精神科にかかる人の中には、不安によって感情的になっていることを自覚している人もいます。たとえば、「私は不安がちょっと強すぎるので何とかしてほしい」という不安神経症（正式には不安障害）の人がいます。また、「人前でアガってしまうので、何とかしてください」と言われることもあります。

アガる人の多くは、対人不安、つまり人前に出ると不安感情が強くなり、ときにどもりも出たりして、言いたいことが言えなくなります。

言いたいことが言えなくなるとは、逆に言えば言いたいことがあるということですが、それを忘れて頭が真っ白になってしまうような状態を、一般にパニックと呼んでいます。

一時的なパニックであれば、そんなに問題にはならないかもしれません。ですが、パニック障害という心の病気になると、過呼吸状態になったり、最悪の場合は失神したり、あるいは胸がドキドキして「自分は死んでしまうんじゃないか」という思いから逃れられなくなったりします。

いわゆる「本番に弱い」タイプの人もいます。野球で言えばブルペンピッチャーがそれに当たります。練習場であるブルペンではいい球を投げるのに、いざ本番になって球場のマウンドに立つと、実力を発揮できない。不安感が強くて実力が出し切れないのです。

アガる人、パニックになる人、本番に弱い人。いずれも、自覚があるかないかにかかわらず、不安という感情に振り回されて、行動に悪影響が出ているので、「感情的な人」に当てはまると言えます。

私が面接入試に反対する理由

少し話がそれますが、実は私は、面接入試というものに強く反対しています。たとえば大学の医学部の多くは入試に面接を取り入れています。受験生の中には、対人不安の強い人が少なからずいると思われます。

反対する理由の一つは、面接官である大学の医学部の教授たちが「この子はアガっているる」「不安に思っているな」ということを斟酌《しんしゃく》し、本来の実力や適性をきちんと評価できるのかどうかについて、非常に疑問に思うからです。

学力が高いのに、面接の不安に耐えられず、落とされてしまったら、もう二度と合格できないと思って医師への道を断念してしまうかもしれません。それだけでなく、うつになったり、最悪自殺のおそれもあります。

対人不安が強くても立派な医師になる人を、私はたくさん知っています。精神科医の場合、むしろそういう人のほうが、患者の気持ちがわかるので名医になることもあります。

そういうわけで、私は、大学の面接入試にはとても賛成する気になれません。

「あきらめる」は理性的でなく感情的な判断

次に、劣等感の強い人について考えてみましょう。

おそらく皆さんの周りにも〝どうせオレなんか……〟といった劣等感の強い人が、一人や二人はいるのではないでしょうか。

私は受験勉強法の本をたくさん書いています。それに対して、「東大医学部を出た人の言うことなんて、しょせんオレみたいなボンクラ頭には当てはまらない」とか、「もともと頭のデキが違うんだから、和田の言う通りにやっても無駄だ」と思う人が少なからずいます。

そういう人は、たとえ私の本を読んだとしても実行には移しません。ですが、冷静に考えて、成績が伸び悩んでいるのであれば、その現実を直視し、「東大に受かるかどうかはわからないけれども、今の勉強のやり方を変えれば、少しは成績が上がるかもしれない」と思って実際にやってみるほうが、やらないよりははるかにいいと思うのです。

先日、NHKのテレビ番組に出演する機会がありました。そのとき、別の番組を担当しているディレクターがわざわざ私を訪ねてこられて、こんなことを言ったのです。

「私は田舎の商業高校に通っていたんですが、当時はもう人生を半分あきらめていました。

ところが先生の本を読んで、自分もやれば受かるかもしれないと思って勉強し、東京の名門といわれる大学に入ることができました。そして大学四年のときにＮＨＫの入社試験に受かって今があるのです」

たしかに、地方の商業高校には東京の大学進学を目指すというムードはあまりないでしょうから、受験をする環境としては厳しいものがあると思います。ましてや、東大や私立の一流大学は、ハードルが高いでしょう。ですが、その人の場合は、和田式の勉強法を実際にやってみてうまくいったというわけです。

もちろん、「和田式で勉強すれば、誰もが東大や早稲田に受かる」と言うつもりはありません。しかし、「和田式の勉強法を試してみたら成績がアップした」「夢だった志望校に受かった」という人は、現実にものすごい数でいるわけです。

このように、「どうせオレなんか……」というあきらめの感情や劣等感が強い人は、試しにやってみることをしないがために、自分のチャンスを失っています。

実は私も偉そうなことは言えず、子どもの頃からスポーツが大の苦手です。大人になった今でも、その点は全く変わっていません。

知り合いや友人からは、「ゴルフをやってみたらどう？」「もうちょっと運動してみたら？」などと言われますが、どうせうまくやれないし、長続きしないだろうと思ってしまいます。

やってみたらできるようになるかもしれないのですが、そこが長年の経験だとか、劣等感からか、全くチャレンジする気になりません。やる前からあきらめてしまっているわけで、スポーツ方面に関しては、何の進歩も変化もないという状態です。

人生をすねたり、ふてくされたりしている人もこれと同じです。「どうせオレはダメだ」という感情のせいで、そこで思考停止が起こってしまっているのです。

先に、感情のコントロールがうまくできずについ手を出してしまう人の話をしましたが、逆に感情によって、思考や行動に自分でブレーキをかけてしまうタイプの人も少なくありません。こういう人も感情的な人と言えます。

「どうせオレなんか……」と最初からあきらめて、何かを試そうという気にならないという傾向は、実は、年を取れば取るほど強くなることがわかっています。

「僕は宇宙飛行士になりたい！　絶対になるんだ！」「素質があるって言われたんだ。僕なら絶対、プロ野球の選手になれるだろう」等、子どものときには本気で思っていても、大人になるにつれて現実と夢との間に大きなギャップを感じ、「あきらめる」というやり方を身に付けます。しまいには「夢を追うのは非現実的なこと。あきらめることが理性的だ」と思い込むようになります。

しかし、あきらめることは必ずしも理性的なことではなく、むしろ、感情的な判断の一つと考えることもできます。自分は理性的だと思っている人も、そういうことがあると理解しておくことが大切です。

恨みの感情がエスカレートした最悪のパターン

すねたりふてくされたりして、「どうせオレは落伍者《らくごしゃ》だ」という思いが強くなると、恨みの感情がエスカレートすることがあります。その代表例が、二〇〇八年に秋葉原通り魔事件を起こした加藤智大死刑囚です。

様々なメディアの報道から見ると、加藤智大死刑囚は、世の中に対する恨み感情がエスカレートした結果、「どうやったら恨みを晴らせるか」という方向に思考が向かっていったようです。

彼が通っていた高校は、地元ではいちばん優秀な学校だそうです。知的にいくら優秀でも、すねたりふてくされたりすることで、思考がどんどんあらぬ方向にエスカレートしていったわけで、これも感情的になることで、行動に悪影響が出たパターンと言うことができます。

同じような傾向は、引きこもりの人にも見られます。実際に行動化するまでには至らないにしても、恨みの感情によって、世の中を肯定的に見られなくなります。「選挙で政治は変わらない」と言って選挙に行かない人も、同じかもしれません。

モテない原因はルックスよりも劣等感

劣等感情は、恋愛関係にも良くない影響を及ぼします。男女を問わず、厭世《えんせい》的になって人生をあきらめてしまっている人は、本当は彼氏や彼女が欲しいと思っていても、そもそも厭世的であるために、出会いが生じません。そのため、たとえ容姿が人並み以上でも、さらにモテなくなるという悪循環に陥ります。

イケメンの芸能人並みにハンサムだったり、美貌の女優ほどに美女だったりすれば、スカウトマンは声をかけてくるかもしれません。ですが、いきなり「私と付き合ってください」と近づいてくる一般の人は、おそらくいないでしょう。

もっとも軟派なタイプはどこにでもいますから、軽々しくアプローチをしてくる人もいるかもしれません。ですが、そもそも論として、「どうせ私なんか」「オレなんて」といった否定的な感情を持っている人は、たとえ声をかけられたとしても、「いや、どうせ自分をだまそうとしているんだ」などと受け止めて、「話ぐらいは聞いてみようか」という気にすら、ならないでしょう。

要するに、世の中に否定的な感情を持っている人は、異性と付き合いたいという欲求を持ったとしても、異性と付き合うチャンスを失っています。それは、たぐいまれな美貌や高い能力を持っていても同じです。

逆に、劣等感情やあきらめの感情が少ない人は、ルックスに問題があったり、いろいろな面でマイナス要素が多かったりしても、私の知るかぎり、ほとんどの人がそれなりにパートナーを見つけています。自分で自分にブレーキをかけず、積極的に出会いの場を求めるからです。

この問題に関連して、読んだときには特定の人たちをバカにしている気がしてあまりいい気持ちがしなかったものの、ある意味、当たっているなと思った本があります。

中村淳彦氏の『ルポ 中年童貞』という本です。その中で著者は、異性体験のない中年男性の、過剰に高いプライドを持ちながら、「自分はモテない人間だ」という自己規定があるために、ハナから異性と付き合うチャンスをつくらず、話しかけたりもしない姿を、リアルに描いています。

このような男性は、「どうせオレはモテないんだから、嫌われてもいい」「オレをバカにしているんだろう」などと思うのか、同じ職場にいる、男性からチヤホヤされるような若くてきれいな女性を、男をバカにしている存在と見て、いじめてしまうこともあると書かれています。さらには、女性（特に処女でない女性）を汚らわしいものと見たり、自分の正義感に過剰な自信を持つためにネトウヨのようになったりする人も多いとのことです。

この本で著者は、そのような中年男性は、ある特定の職種に就いていることが多いという偏見めいたことを書いていません。そのため私は、あまりいい気分にならなかったわけですが、「どうせオレは」という劣等感情が、その人間のチャンスを奪ってしまうことは確かにあるし、いじめやネトウヨ、ヘイトスピーチといった攻撃的な方向に向かう点についても、通り魔事件の加藤智大死刑囚に通じるように思い、納得しました。

もちろん、劣等感情が、必ずしも攻撃的な方向に向かうとはかぎりません。ですが、劣等感情のために顔つきがすねたりふてくされたりした感じになることで、周囲から距離を置かれたり、疎まれたりすることは往々にしてあるでしょう。その点で、このタイプの人も、やはり感情的で、適応的ではないと言えるでしょう。

自己愛が傷つくと攻撃的になる

自己愛が傷つくことも、人間を感情的にする大きな要因です。

精神分析の世界で「自己心理学」という新しい概念を打ち立てたハインツ・コフートは、怒りは一次感情ではなく、自己愛が傷つくことによる二次感情だと言っています。

「自己愛」というのは、自分がかわいい、自分を大事にしたいというような心理全般を言います。

精神分析で言うところの一次感情とは、生まれながらに持っている感情のことです。赤ん坊は生まれたときから、嬉しいとニコニコするし、イヤなことがあると泣きます。この嬉しいとかイヤだというのが一次感情です。

そして、人生経験の中で、いろいろなエピソードに対する反応として、学習して身に付けていくのが二次感情です。

コフートは、怒りや攻撃性が生まれつきの一次感情ではなく、反応として起こる二次感情であることの根拠として、「もしも人間が生まれつきアグレッション（攻撃性）が強いのであれば、赤ん坊は子宮の中で生き残っていけなかっただろう」というようなことを述べています。人間の心のメカニズムの一端を示したこの言葉は、まさに至言だと思います。

自己愛が傷ついて、二次感情として怒りが出るということは、実際、多くの人が体験していることです。人が本気で怒ったり、恨みを抱いたりするときというのは、名誉を傷つけられたり、恥をかかされたり、バカにされたりといったように、自己愛が傷ついたときが多いのです。

人に何か言われなくても、自分で劣等感を募らせた結果、世の中に対する恨みを蓄積し、それが怒りという形で爆発するという場合もあります。秋葉原通り魔事件を起こした加藤智大死刑囚もそのパターンに当てはまるのではないかと思います。

劣等感などの感情が、人間を非常に怒りっぽくさせたり、あるいは人間から冷静な判断力を奪ったりすることについて、アルフレッド・アドラーは、劣等感情そのものが悪いのではないと言っています。通常は、人は、劣等感情を優越性志向で代償し、努力し、成長し、社会を生き抜いていくからです。

たとえば、背が低いことで劣等感を持っている人が、「人よりも金持ちになってやろう」「人よりも地位の高い人間になってやろう」と努力するとします。

この場合、本来の願望・目標は背が高くなることです。それが達成できないときに、その代償として、自分に満足を与えてくれる別の目標、すなわち「金持ちや地位の高い人間になってほかの人間に勝ってやろう」といった優越性志向を持つことで、人生に対処していこうとするわけです。

その意味で、劣等感情は悪いものではないと言えるわけですが、それも程度問題です。劣等感情があまりに強いと、優越性思考を持つこともできず、意欲がなくなったり、ダメな人間になってしまったりすると、アドラーは言っています。

「いつかは勝ってやろう」というジェラシー型嫉妬

劣等感情とは、「自分は人に負けているなあ」「人より劣っているなあ」と思う感情のことですが、一般に「自分は人に負けているなあ」と思ったときに感じる不快感情を「嫉妬」と呼びます。

精神分析の世界では、昔からこの嫉妬感情を二種類に分けています。

一つは、フロイトが言うような嫉妬です。フロイトは幼少期の男の子の成長過程における心理を説明する中で、父親に対する嫉妬を取り上げました。

その考え方はどういうものかというと、三〜六歳の男の子が父親に対して「自分は負けているな」と思ったときに、ある種の嫉妬感情を持つとフロイトは考えたわけです。

もう少し詳しく説明しましょう。

フロイトは、子どもの精神的な意味での性的成長過程を五段階に分けて考えました。すなわち、「口唇期、肛門期、男根期、潜伏期、性器期」の五つです。

この中の「男根期」を、フロイトは他人と比較する成長段階としました。年齢的には三〜六歳に当たります。

この時期に男の子は、ほかの男の子とおちんちんの大きさを比べたり、おしっこの飛ばし合いをして遠くに飛ばすことができることを喜んだりします。

こういう他人と比べたがる時期の終わりぐらいに、今度は「お父さんを倒してお母さんを奪い取りたい」という願望が起こります。これが有名なエディプス願望です。

男の子はお父さんからお母さんを奪い取ろうとしますが、フロイトが言うには、ここで男の子は父親から去勢の脅しを受けるというのです。「お前がお母さんと結婚するなんて不埒《ふらち》なことを考えていると、お前のペニスを切っちゃうぞ」という脅しです。

それで男の子は、お父さんに勝てないのがわかり、お母さんをいったんあきらめます。

そして、「いつかはお父さんみたいに強くなって、お母さんと結婚してやる」と思いながら、性欲を抑え込んで、一生懸命勉強したり、体を鍛えたりするのです。それが「潜伏期」という段階です。

このフロイトの考え方を振り返ると、男の子が父親に負けたという不快感情を、「いつかは頑張って父親みたいに強くなってやる！」という努力目標を持つことで解消しようとしているのがわかります。

このとき男の子は、父親に対して嫉妬感情を持っているのです。つまり、父親に負けているから、「父親のように強くなりたい」「いつか勝ちたい」「いつか見返してやる」という思いが出てくるわけです。

このように、自分が負けている場合に、「いつかは勝ってやる」と思うパターンの嫉妬を、精神分析の世界では「ジェラシー（jealousy）」と呼んでいます。

「相手を潰したい」というエンビー型嫉妬

これに対して、メラニー・クラインという女性の精神分析学者は、もう一つの嫉妬の存在を唱えました。

クラインは、乳幼児の原始的心理を多く研究した人です。また、パーソナリティ障害の人の、心のメカニズムや対人関係の不安定さを解き明かすのに非常に役立つとされる、「分裂（splitting）」（相手がいい対象のときは自分もいい自己になるが、悪い対象だと感じると悪い自己になってしまう）という考え方を打ち出したことでも有名です。

クラインは、乳幼児のもっと原始的な心理として、相手がいいものを持っていると、それを潰してやりたくなるという心理が働くと考えました。そういう嫉妬を「エンビー（envy）＝羨望」と言います。

つまり、精神分析的な考え方においては、嫉妬には、相手がいいものを持っていたら、それに対して自分が相手に勝つことで克服しようとする「ジェラシー型の嫉妬」と、相手がいいものを持っていたら、それを潰してやろうとする「エンビー型の嫉妬」の二種類があるということになります。

嫉妬感情に振り回されて、相手を潰してやろうという心理に陥るか、あるいは嫉妬感情をバネにして、いつかは相手に勝ってやろうと思えるかで、その人の思考パターンが変わってくることは言うまでもありません。

ジェラシー型の嫉妬であれば、建設的なものが出てくるでしょう。反対に、エンビー型の嫉妬に囚われて相手を潰してやろうということばかり考えていると、当然、健全な心理状態にはなりません。判断がゆがんでしまうことで、相手にダメージを与える以上に、自分の足を引っ張り、それによりますます嫉妬感情が強まり、という悪循環に陥ってしまいます。そこからは何もプラスのものは生まれません。

エンビー型嫉妬が日本をダメにする

ちなみに、日本のテレビのワイドショー文化などは、エンビー型の嫉妬で成り立っていると思うほどにひどい状態になっていると思います。

たとえばもともと偉かった人が何か失敗をして話題になったときに、様々なワイドショーのコメンテーターの意見を聞いていると、「人間は、自分より優位な（優位だった）人をコテンパンに叩きのめしてやりたいという心理が働きやすいのだなあ」と感じることが少なくありません。

しかし、相手の悪い面ばかりを見て、いい面を見ることができないということになれば、優秀な政治家や優秀な指導者、あるいは優秀な研究者などを、潰してしまいかねません。

エンビー型の嫉妬感情によって、判断がゆがんでしまう例は、身近なところから日本社会全体まで、たくさんあります。

たとえば、「勉強ができる人は性格が悪い」といったように、勉強ができる人を蔑《さげす》み、非難するような文化をつくってしまうと、当然子どもたちの学力は落ちてくるでしょう。

冷静に国の将来を考えたら、「勉強のできる人を褒めてあげたほうがいいのではないか」という判断になるはずですが、なかなかそうはいかない現実があります。

日本の場合、人材しか資源がないのですから、エンビー型の嫉妬感情が蔓延《まんえん》することで、国自体がダメになってしまう恐れもあります。

会社の中でも、相手を潰してやろうという心理ばかりが強くなると、足を引っ張り合って、結局、自分たち全体のパフォーマンスを落としてしまうことになります。

足の引っ張り合いより、助け合いのほうが、双方にいい結果を生むことは言うまでもありません。

他の感情と同様、嫉妬感情をなくすことはできません。ですが、それによって判断がゆがめられることを防ぐために、エンビー型の嫉妬感情で相手を潰そうとしても、自分にとってプラスになることは何もないと知っておくことが必要だと思います。

年を取るほどキレやすくなるメカニズム

感情が行動に出てしまう人として、先ほどは豊田真由子前議員を例に挙げましたが、それよりもっと前に話題になった、「暴走老人」と言われる人たちの存在があります。

この言葉は、作家の藤原智美氏が二〇〇七年に『暴走老人！』という本を出したことで、一般に広まりました。

何かあるとすぐに激しく怒ったり、さらには暴力沙汰に及んだりする、言い換えれば、〝すぐキレる老人〟ということです。

「キレる」という言葉は、かつては若者に対して使われることが一般的でした。ですが、最近では、若者にかぎらずキレる人が多くなり、老人にもごく普通に使われるようになりました。『暴走老人！』の著者である藤原氏も、高齢者の中にけっこうキレる人がいることに着目して、本を著《あらわ》したのだと思います。

昔から日本では、「年を取ると好々爺《こうこうや》になる」「年を取れば取るほど老成して感情を出さなくなる」などと言われてきました。それが、〝老いてはますます壮《さか》んなるべし〟を通り越して、キレる老人、暴走老人が目立つようになったのは、どうしてでしょうか。私なりの仮説をお話ししたいと思います。

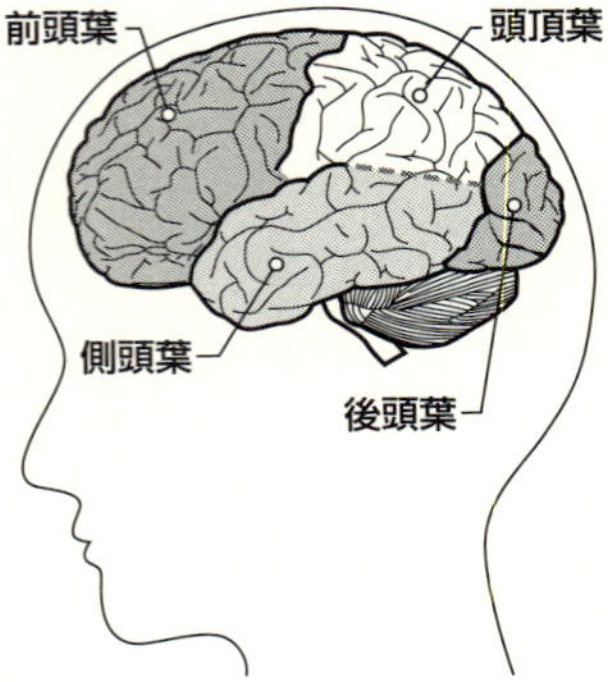

前にもお話ししたように、現代の脳科学では、人間の感情は大脳辺縁系が司っているとされています。年を取れば取るほど、脳の機能は衰えるのが普通ですから、大脳辺縁系から出る感情のエネルギーも、加齢とともに下がっていくパターンが多いと考えられます。

つまり、若いときは怒りっぽくても、年を取ったら怒りの感情があまり強く出ないとか、テンションが上がらないとかいうのが通常のパターンです。

ところがここで問題なのは、感情が行動化して暴走しないようにブレーキをかけてくれる大脳皮質の機能も、年を取れば取るほど衰えてくるという点です。

大脳皮質は、前頭葉、頭頂葉、側頭葉、後頭葉に分けられます。感情のコントロールを司るとされているのは、その中の前頭葉と言われる部位です。前頭葉の機能が落ちてくると、二つの点で厄介《やっかい》なことが起こります。

一つは、先ほどお話ししたように、感情のコントロールが利かなくなるということです。

たとえばカッとなったときに、本来であれば、それを静めるだとか、ほかの可能性を考える方向に持っていくだとかして、感情を落ち着かせることができるはずなのに、年を取ることで、その能力が衰えてしまいます。

暴走老人とクレーマーに起きている「保続」

もう一つの問題は、前頭葉の機能が落ちると、〝保続〟と言われる現象が起こるということです。

認知症の検査などで、患者さんに「今日は何年の何月何日ですか？」と尋ねることがあります。それに対して、「今日は二〇一七年の八月一日です」などと正確に答えられれば、記憶がかなり保たれているので、おそらく認知症ではないと見ることができます。また、認知症だったとしても、極めて軽い状態と言うことができるわけです。

ところが、〝保続〟が起こっている人の場合、「では次の質問ですが、あなたの誕生日はいつですか？」と聞くと、「二〇一七年八月一日です」というように、先ほどと全く同じ答えを言うのです。

もっとも、保続は、認知症でもよほど重症にならないと起こらない現象なので、実際には、生年月日を問われて見つかるというケースはほとんどありません。

認知症以外では、前頭葉に腫瘍があったり、あるいは脳出血があったりすると、このように前の答えと同じ答えをするということが起こります。たとえば「217＋348＝?」という計算問題を出して、それに暗算で答えられれば、脳の働きはなかなか優秀だなと思われるわけですが、次に「528＋197＝?」という問題を出したときに、〝保続〟のある人は、前と同じ答えを言ってしまうわけです。

年を取ると、前頭葉が萎縮してきます。そうすると、脳腫瘍や脳出血がなくても、弱いレベルの保続が、感情や思考に起こるのではないかと、考えられています。

どういうことかというと、たとえば怒りの感情が生じたら、それが保続する、つまり、延々と長続きしてしまうわけです。

ですから、一度カッとなってしまうと、相手を怒鳴りつけたり、ぼろくそに非難したり、威嚇するように机を叩《たた》いたり、あるいは傘を振り上げたりと、それがなかなか収まらないということになります。

おそらく暴走老人と言われる人たちは、もともと感情のテンションが高く、年を取っても、それが意外に落ちていない人たちではないかと考えることができます。

そういう意味では、感情が若々しいと言えるのかもしれませんが、暴言や暴行という形で表に出やすく、しかもそれがコントロールできず、保続によって長く続いてしまうのだとすれば、手放しで喜ぶわけにはいかないでしょう。

この点は、クレーマーと言われる人たちにも共通するように思います。クレーマーも、感情が自己増殖し、エスカレートして、誰も止めることができなくなってしまいがちです。年を取っているかどうかは別にして、彼らも、前頭葉の機能があまり高くないために、感情のコントロールができず、延々とクレームを言い続けてしまうのではないかと思います。

昔から、「年寄りは立てたほうがいいよ」と言われます。これは単に道徳として、「老人を敬いなさい」と説いているというより、年を取ると前頭葉の働きが落ち、いったん不機嫌になると止まりにくいことから、そういう扱いの難しい老人の対処法を説いたものなのかもしれません。

ここまで、感情が言動に出てしまう、「感情的な人」のパターンを見てきました。中には、感情に振り回されているという自覚がないケースもありますが、多くの人は、なんとか自分の感情をコントロールしたいと思っているのではないかと思います。

感情のコントロールの方法についてはあとでお話しすることにして、その前に、感情は人間にどのような影響を与えるのかについて、さらに詳しく見ていきたいと思います。

次章では、感情にまつわることで私が最もまずいなと思っていること、つまり感情によって判断力がゆがめられる問題について、考察していきます。

第二章　こんな心理状態になると判断がゆがむ

良い忖度、悪い忖度

この章では、自分では自覚がないけれど実は感情的と言っていい心理状態と、それによって判断がゆがめられる問題について考えてみたいと思います。

二〇一七年の新語・流行語大賞の一つに選ばれた「忖度《そんたく》」という言葉があります。「国有地売買に関して官僚の忖度があったのかどうか」「獣医学部新設計画をめぐって首相への忖度が働いたのかどうか」といった形で、ニュースで連日話題になったのは、まだ記憶に新しいでしょう。

テレビや新聞は、「忖度」という言葉があたかも悪い言葉であるかのような扱いをしていました。ですが、本来は「相手の気持ちを推し量る・察する」という意味の言葉で、日本人の繊細な感性や美徳を表す、古き良き言葉の一つと言っていいと思います。実際、福沢諭吉も、好んでこの言葉を使ったと言われています。

相手の気持ちを推し量ると言えば、「共感」という言葉も、ある意味「忖度」に似ています。

現代精神分析やロジャーズ心理学などでは、この「共感」という言葉をよく使います。

臨床心理学の世界では、相手の立場に立つ、相手の心を想像するということが、昔から非常に重要視されています。「エディプス・コンプレックス」で有名なフロイトの一番弟子のような存在から後に袂《たもと》を分かった精神科医で、日本でも数年前から脚光を浴びるようになったアルフレッド・アドラーも、「共感とは相手の目で見、相手の耳で聞き、相手の心で感じることだ」というようなことを述べています。

このように精神医学の世界では、「共感」という手法は、患者さんの心の病をより良い方向に持っていくために、多く用いられます。精神医学の世界だけでなく、ごく一般的な日常生活においても、自分勝手に何か言ったりやったりするより、相手の気持ちを推し量ってするほうが人間関係が良くなるということは、多くの人が経験していることだと思います。

「共感」という言葉は、相手の気持ちを推し量ったり、あるいは相手の気持ちを理解したりするのにとどまる感じがしますが、「忖度」のほうには、「相手の気持ちを想像する」だけにとどまらず、「気を利かせる」というニュアンスも含まれているように思います（もともとはこちらも、想像するだけの意味だったようですが）。つまり、気を利かせて、相手の気持ちに沿うようなことを実際に行うということです。

たとえば加計学園の問題であれば、安倍首相の直接の命令ではないものの、学園の理事長と首相が親しい関係にあることを知った役人が、首相に気に入られようとして獣医学部新設計画に特別な便宜を図ったのではないか。そのことを「忖度」という言葉で表しているわけです。

このように使うと、「忖度」という言葉に悪いニュアンスが含まれているように感じられますが、「おもてなし」が日本の美風と言われるように、気を利かせることそのものは、もちろん悪いこととは言えません。そのため最近では、「良い忖度」「悪い忖度」という言い方をする人もいます。それにならえば、二〇一五年に世間を騒がせた東芝の不正会計事件などは、「悪い忖度」の例と言えるでしょう。

東芝の事件では、経営業績を良く見せるために、歴代の社長三人が現場に圧力をかけるなどして不正会計処理が行われました。その際に経営陣が使っていたのが、「チャレンジ」という言葉でした。

ある取締役はパソコン事業部に対して、「残り三日で一二〇億円の営業利益を出せ」というように無茶な要求をしたと言われています。こうして経営陣が、「チャレンジ」と称して、各部署に無茶な収益達成目標を押し付けたことで、利益の水増しが行われたわけです。

経営陣はダイレクトに「不正会計をしろ」とは言っていません。現場が、経営サイドの「チャレンジ」という言葉は「(利益が出ていなくても)利益が上がったようにしろ」という意味だと〝忖度〟し、不正会計処理をしたということなので、確かにこれは「悪い忖度」と言えるでしょう。

「空気が読めない」の語にひそむ暗黙の考え方

良い忖度にせよ、悪い忖度にせよ、もともと日本人には、そういうことをしてしまう一面があるように思います。一時期よく使われた「KY(ケーワイ)」も、同じような傾向を指す言葉です。

もともと「KY」は「空気を読む」の略で、それがいつの間にか、「空気が読めない」という逆の意味で使われるようになったと言われています。

この「空気が読めない」という言葉には、「空気を読んだ行動をしなければならない」「空気を読んだ発言をしなければならない」という暗黙の考え方が、前提として存在しているように思われます。

つまり、その場の空気を読むだけでなく、読んだ通りに行動したり発言したりしなくてはならないということです。「忖度」という言葉が、忖度したら忖度した通りに行動したり発言したりしなくてはならないという意味まで含むようになったのと同じです。

つまりここで言いたいのは、相手の心理を忖度したり、場の空気を読んだりすると、それによって自分の発言や行動が変えられることがあるということです。

それがたとえば、「相手に気に入られて出世したいから」「気が利くやつだと思われたいから」「良い人間関係を築きたいから」というように、ある種の計算のもとにやるのであれば、それは感情的な言動とは言えません。

しかし、「KYと言われるのが怖い」とか「人に嫌われるのが怖い」という不安心理に振り回されて空気を読み、あるいは忖度をして、そのうえで行動したり発言したりするのは、感情的な言動と言えるのではないでしょうか。

たとえば「ママ友に嫌われるんじゃないかしら?」という不安心理で、空気を読んで動いてしまう若いお母さんは少なくないと思います。

それによって「本来、自分はこうすべきだ」という判断がゆがめられているわけですから、これも「感情的」ということになります。

損得もないのに周囲に合わせてしまう心理

相手を喜ばせようとしての発言にせよ、「嫌われるんじゃないか？」といった不安からの言動にせよ、そういう場合は、一般的には自分で自覚していることが多いと思います。

つまり、こう言えば相手が喜ぶだろうと思って取る言動や、こうしてあげないと嫌われてしまうかもしれないと思って相手に合わせる言動は、自覚的、意識的なものと言うことができます。

ところが、自覚的でも意識的でもなく、不安があるということでもなく、あるいは損得の計算もないのに、人間にはついつい周囲に合わせてしまうという心理があります。これを社会心理学では「同調」と言います。

「同調圧力」のような、周囲からの何らかの圧力がなくても、人間というのは、何となく周りに合わせてしまい、それによって感情や判断が変わることがあります。

たとえば、自分はわりとスレンダーなタイプの女の子が好みだったのに、周りの友達が「巨乳のほうがセクシーでいいよ」と言った途端に巨乳の女の子が美しく見えてくるとか、あるいは、「なんかかわいくない女優が最近流行《はや》ってるなあ」と思っていたのに、みんなが「あの子はいいね」と言っているのを聞いているうちに、だんだんその女優がきれいに見えてくるということは、往々にしてあるわけです。

こういうことが往々にしてあるというのは、人間には、無自覚のうちに周りに合わせてしまう心理があることを表しています。

そのことを裏付ける実験があります。ポーランド出身のソロモン・アッシュという心理学者が行った実験です。その内容は次のようなものでした。

まず、目の前のスクリーンの左側に一本の線が示されます。右側には三本の線が示されます。そして八人の被験者に対して、「左の線と同じ長さの線が右の三本の線の中にあります。それはどれですか？」と質問し、答えさせるという実験です。

線の長さがほとんど同じであれば判別するのは難しいですが、この実験では、線の向きは多少変えてあるものの、普通であれば間違わずに正しく答えることができる程度に、長さに差をつけてありました。

ところが、回答者の中にサクラがいて、そのサクラにアッシュはわざと間違えた答えを言うように指示していたのです。

その結果、三人のサクラが誤った答えを続けて言うと、それにつられて、誤った答えを言う人が三割ぐらい出てきました。

サクラがいなければ正しい答えを出すことができたと思われるのに、三人のサクラが同じ答えを続けて言ったことで、それに同調してしまったわけです。

アッシュの実験結果からは、人間というのは放っておくと三割ぐらいは周りに合わせて間違えてしまうということがわかります。損得や誰かに対する配慮や不安からでなく、同調という心理作用によって無意識のうちに起こるのです。

だとすれば、自分が正しいと思っていることも、実は本当は間違っているのに、単に周りの意見に同調して正しいと思い込んでいるだけなのかもしれません。少なくとも、一〇人いれば三人ぐらいは、同調心理で判断している可能性があるのです。

行動経済学とは何か

現代の経済学に大きな影響を与えた人物に、ダニエル・カーネマンという研究者がいます。彼は「行動経済学の祖」と称されています。

もともと経済学という学問は、人間が合理的な判断をするという考え方を前提にしています。簡単に言えば、「値段が安くなれば買うし、値段が高くなれば買わない」というように、合理的な判断をして経済行動をするということです。

経済学のほとんどの理論は、この「人間は合理的な判断する」ということと、それからもう一つ、「人々は完全な情報を持っている」という二つの前提から、打ち立てられています。

先に二つ目の前提について考えてみます。現実には、売り手と買い手が完全な情報を持っていることはおそらくないでしょうし、特に、買い手が完全な情報を持っていることは、まずありません。

政治に当てはめてみるとよくわかると思います。

たとえば、自民党にしても立憲民主党にしても、政党は、自分たちに都合の悪い情報をできるだけ隠そうとするでしょう。ですので、有権者は、政党についての完全な情報を持たずに投票行動をしていることになります。完全な情報を持っていたら、投票先は変わっていたかもしれませんが、そのようなことは、まずあり得ません。

それと同じように、経済の分野においても、みんなが完全な情報を持っているということは非常に考えにくいわけです。それに対してジョセフ・スティグリッツというアメリカの経済学者は、非対称情報下での人間の経済行動、すなわち、売り手と買い手が同じ情報を持っていない場合に、人間はどのような経済行動を取るかという、いわゆる「非対称情報の経済学」という学問を打ち立てて、ノーベル経済学賞を受賞しました。

一方、カーネマンは、一つ目の前提、すなわち、人々が合理的判断をするというのはウソではないかという疑問から、合理的でない判断について分析をし、それによって人々がどんな経済行動を取るかを予想する学問を築きました。それが「行動経済学」です。この研究が評価されて、カーネマンもノーベル経済学賞を取りました。このトレンドは現在も続いていて、二〇一七年には同じく行動経済学者のリチャード・セイラーが、ノーベル経済学賞を受賞しました。

「得する」より「損しない」ほうを選ぶ心理

カーネマンの研究では、人間は富の「絶対量」ではなく、「変化」に影響されると言われています。

もし、お金をたくさん持っているほうがそうでない場合よりも幸福であるとしたら、一〇〇億円持っている人と一〇〇〇円しか持っていない人とでは、一〇〇億円持っている人のほうが幸せなはずです。

しかし、一〇〇億円持っている人がたまたまビジネスで五〇〇〇〇万円損をし、一〇〇〇円しか持っていない人がたまたまクジ引きか何かで一〇〇〇円を手にしたとしたらどうでしょう。前者はまだ九九億五〇〇〇万円も持っているのに不幸な気持ちになり、後者は二〇〇〇円しか持っていないのにうれしくて幸福な気持ちになるというのです。

つまり、人間は、富の絶対量より変化に対応するため、十分金持ちであっても、より金持ちになりたいと願い、お金が減るという変化にも敏感に反応して、なかなかお金を出そうとしないということです。だから金持ちはケチだと言われるわけです。

このカーネマンの研究の中で、「これは人間の心理の本当のところを突いているな」と私が思うのは、「損失回避性」――人間は、得をすることより損をすることのほうを恐れて、それを避けようとするという理論です。

たとえば、次のようなクイズがあるとしましょう。

A　ある店で、一〇万円の商品を一万円値引きしてもらいました。

B　ある店で一〇万円の商品を買って店を出ると、別の店で同じものが九万円で売っていました。

AとBの二つのケースで、あなたはどちらのほうがより心が動かされるでしょうか？

Aのケースのように、一万円値引きしてもらった場合、「得した！」と思って、うれしい気持ちになる人はたくさんいるでしょう。

しかし、その喜びはあまり長くは続かないはずです。たとえば数週間経ってそのことを思い出しても、最初と同じくらいの喜びが湧いてくるという人は少ないでしょう。

一方、Bのケースのように、一〇万円で買った商品が別の店で九万円で売られているのを見たら、かなりショックを受けます。

商品を購入した店に対して腹が立ったり、「なんで他の店も調べなかったんだろう？」などと自分を責めたりと、不快な気持ちになるでしょう。

そして、「一万円損した」という気持ちは、長く引きずる可能性があります。一年経っても、そのことを思い出すと苦々しい気持ちになるという人もいるはずです。

このように、一般的に、「得をした」ときよりも「損をした」ときのほうが、心理的インパクトが大きくなるのです。

つい行きつけの店に行ってしまう理由

ですから一般的に、給料を一万円上げてもらった喜びよりも、一万円下げられたときの心理的ダメージのほうが、インパクトは大きいものです。

たとえば、最近はアベノミクスの効果か、多くの人の給料が上がり始めていますが、なかなか消費のほうに回りません。これは、多少の昇給では、「お金をたくさん使おう」という気になるほどのインパクトがないからだと考えることができます。かなり大幅に給料を上げてもらわないと、お金をどんどん使うようにはならないのです。

逆に、損の場合はすぐに反応してしまいます。

カーネマンの研究では、損は得の二・二五倍の心理的インパクトがあるとされています。つまり、一万円減給の心理的影響は、二万二五〇〇円の昇給と同じということです。このように、人間は損をしたくないという心理のほうが強く働きます。景気が悪くなるとすぐ〝財布のひもが堅くなる〟のも、そのためです。

損をしたくない心理で言えば、私も偉そうなことは言えません。パソコンやスマホがだんだん古くなってきて、「そろそろ買い替えなくては」とは思っているのですが、新しい機種には今まで使っていた機能がないとか、あるいは電話帳の移し替えが面倒くさいとか、要するに損をしたくない気持ちのほうが強く、新しいものに替えたほうが得をするという部分に、なかなか目がいきません。

実際、パソコンやスマホを買い替えたとき、「前よりも使いづらくなった」などと文句を言う人は、私を含めて意外に多いように思います。新しい機種になり、良くなった点はたくさんあるはずなのに、前と比べて悪くなったことのほうが、気になってしまうわけです。

飲食についても同じような傾向があります。

たとえば、ついつい行きつけの店に行ってしまうとか、さらには、いつも同じ料理を頼んでしまうという人もいます。

新しい店に行ったり、新しい料理を頼んでみたら、思っていたより雰囲気やサービスがいい店だったとか、思っていたよりおいしかったとか、当然得をすることはあるはずです。そういう可能性があるにもかかわらず、良くなかった場合のダメージのほうが気になって、いつも同じ店に行き、同じ料理を頼んでしまうというわけです。

たしかにそうすれば、得はともかく、少なくとも損はしないはずです。しかし、逆もまた言えるわけで、損を恐れていると、得を取ることもできないということになります。

選挙で現職を勝たせる「現状維持バイアス」

このような「損失回避性」という心理は、人間の判断に影響を与えることがわかっています。その一つが「現状維持バイアス」です。

たとえば「自民党がいろいろな問題を起こしたところで、自民党政権が潰れたり、あるいは安倍首相が辞めたりしたら、今よりももっと悪くなるんじゃないか」という心理から、つい現職に投票してしまうのが、「現状維持バイアス」です。

日本の選挙は「現職が強い」と、よく言われます。

アメリカの大統領選挙は、一年かけて行われます。有権者は一年という長い期間の中で、じっくりと候補者を選ぶことができます。これに対して日本の国会議員の選挙は、二週間程度の短い期間で選ばなくてはならないので、どうしても知名度の高い人に票が集まりやすくなります。

知名度の高さで言えば現職が有利であり、あるいはテレビで顔を知られているタレントも有利ということになります。

しかし、現職が強い理由はそれだけでなく、そこにはやはり、「損失回避性」という心理が働いていると思われます。その人がよほど悪いことをしたとか、スキャンダルを起こしたとか、人格的に問題があるといったことがないかぎりは、ついつい「現状維持でいいんじゃないか」という心理が働いてしまうわけです。

あるいは、多少批判があったとしても、五選ぐらいしている候補だと、「今までも特に大きな問題もなかったし、ここで新しい人を選んで良くない結果になるよりも、現状維持でいいや」と思って一票を投じてしまうこともあるでしょう。日本の選挙運動期間の短さが、その心理に一層拍車をかけていると思われます。

つまり、人間は、損をすることを無意識に恐れ、あるいは「現状維持のほうがいいんじゃないか」という感情が働いて、それによって判断をしてしまうということです。そういう意味で、損失回避性や、現状維持バイアスが働いている状態というのは、ある種の感情的な状態であると言えます。

ただし、この現状維持バイアスが崩れることもあります。

たとえば、アメリカの大統領選挙でドナルド・トランプ氏が選ばれたとか、あるいはイギリス国民がEUからの離脱を求めたといったことは、その一例と言えます。アメリカやイギリスにかぎらず、最近はいろいろな国で、現状維持バイアスが崩れて新しいものを求めているという状況があります。

では、現状維持バイアスは、どのようなときに崩れるのでしょうか。これについても、心理学の研究があります。それによれば、人間は損失局面では、現状維持や手堅いほうよりも、思い切ったほうを選ぶことがあるというのです。

これは行動経済学にかぎったことではありません。よく言われるのが、競馬や競輪などのギャンブルでの、「最終レースは本命に賭けたほうが得」といった法則です。

すでにすごく損をしているのだからそろそろやめればいいのに、逆に、ものすごく損をしているからといって、当たれば大きな利益を得られる大穴に賭けて、それで損を取り戻そうとする心理があります。これまでの損を大ばくちで取り戻そうという心理で、ギャンブル依存症の人などによく見られます。

これは、典型的な大損をするパターンなのですが、人間はそういうことをついやってしまうということが知られています。

たとえば競馬で一日一二レースあるとします。一一レースが終わった時点で、儲かっている人はあまりいないのが現実です。その場合、負けている人たちは、「手堅い本命に賭けて負けを少しでも減らそう」という気持ちにはなかなかなれず、「最後のレースは大ばくちを打って、これまでの損を埋めよう」と大穴狙いをしがちです。

そうすると何が起こるか。負けているたくさんの人たちが穴馬の馬券を買うので、穴馬のオッズ（予想配当率）が下がり、本命馬のオッズが上がってしまうのです。たとえば、通常なら二倍くらいのオッズになる本命馬が、三倍、四倍のオッズになったりするということです。

本命馬は、期待値が高いことは言うまでもありません。つまり、もともと勝つ確率が高いところ、穴馬を狙う人が多いためにさらにオッズが高くなるので、やはり「最終レースは本命に賭けたほうが得」であると言えるわけです。

損をしているときほど大ばくちを打つ心理

ギャンブルにかぎらず、人間というのは、損をしているときは、かえって大損するかもしれないような思い切った判断をする傾向があります。そして、そうでないときは、現状維持バイアスが働いて、ほかの可能性をあまり考えずに、無難なところで収めがちです。

アメリカの場合、東海岸は金融で儲け、西海岸はＩＴで儲けていますが、そういう流れから取り残されたラストベルト（錆《さ》びついた地域。かつてはこの地域に製造業が集中していた）の労働者たちは、待遇がどんどん悪化していました。そんな中で、保護貿易による雇用の増加を期待し、世界の潮流であるグローバル化に反対するトランプ氏を支持したのです。それがトランプ氏の勝利に大きく貢献したと言われています。

イギリスでも、似たようなことが起こりました。ロンドンなど都市部の富裕層はＥＵに残ったほうがイギリスは儲かるだろうと考えたわけですが、一般労働者の多くはそうではないという判断をし、ＥＵ離脱に投票をしました。

それが賢明な判断だったかどうかについては、歴史の検証を待つ必要があります。ただ、英米どちらの選択についても、きちんと計算したうえでの結果というより、損をしている多くの人たちが、大きな変化を狙ってついばくちを打った結果ではないかという見方ができるわけです。

日本について見れば、日本経済が、欧米諸国と比べてうまくいっているかと言われたら、非正規雇用が増えていたり相対的貧困率が上がっていたりするなど、少なからず疑問はあると思いますが、それでも失業率は下がり、多少は給料が上がっている状況です。そうすると、アメリカやイギリスのような変化が起こらず、現状維持バイアスが働くことの説明もつくわけです。

ただし、私はその現状維持バイアスこそが、日本経済のいちばんの問題点であると考えています。

たとえば、アメリカでは、次から次へと新産業が生まれ、ＩＴに関しても、どんどん新しいことをやる人が出てきています。これに対して日本では、今ある産業を守るために円安政策（これによって海外で安売りができるようになりますが、日本の総資産やＧＤＰはドルベースでは減ってしまいます）が歓迎されます。新しい産業が生まれないことは、長期的に見れば、日本経済にとって大きな損失です。

これも、感情によって判断がゆがめられている一例と言えるのではないでしょうか。

カルトに金をつぎ込む「認知的不協和」の心理

自分で自覚のないまま、判断をゆがませてしまうもう一つの心理に、「認知的不協和」があります。

たとえば、自分があるカルト宗教の信者になったとしましょう。そこの宗教ではいろいろな形で寄進をしなければいけません。「壺《つぼ》を買えば幸福になる」とか、「数珠を買えば運が上向く」などと言われて、どんどんお金をつぎ込んでいくのです。

そうこうしているうちに、マスコミが「あそこはインチキ宗教だ」などと言って叩き始めます。

そうすると、その宗教を信じて入っている自分としては、その宗教がインチキだとどんなに週刊誌に書かれても、それを信じたくない気持ちが起こります。そして、マスコミによるアンチのキャンペーンが激しくなり、大金を取られた被害者の声が上がるなどして、インチキの実態が明らかになればなるほど、それを受け入れたくないという心理が強く働くことがあります。

レオン・フェスティンガーというアメリカの心理学者は、これを「認知的不協和」という言葉で説明しました。

つまり、自分がその宗教を良いものだと思って信じているという認知（A）と、その宗教が信者から金を巻き上げるために、インチキな壺や数珠を売りつけていたという事実の認知（B）とが、不協和（矛盾）を起こすわけです。

不協和を解消する方法は、認知Aを変更して認知Bに合わせる（信者をやめる）か、認知Bを変更して認知Aに合わせる（批判を否定して信者を続ける）かのどちらかです。

当然、これまで信じていたその宗教をやめるという形での解決が望ましいわけですが、実際には、その宗教をそのまま信じ続けるという方向になりがちです。インチキだという情報を否定するよりも、自分の現在の行動を変えて宗教をやめるほうが、苦痛を伴って大変だからです。これも現状維持バイアスの一つと言えるかもしれません。

その宗教を信じ続けるということは、周囲からのアドバイスや、インチキを示す客観的な資料を拒否するということです。

周りが「お前の信じている宗教はインチキだからやめたほうがいいぞ。これ以上金を払うと、どんどん損をするぞ」などと言って止めようとしても、逆に、「ああ、こいつらはオレがこの宗教に入って幸せになるのをひがんでいるんだ」などと、どんどん思考パターンがねじ曲がっていくわけです。

結婚詐欺などもいい例です。「あいつは結婚詐欺師だから付き合わないほうがいい。金を取られるだけだよ」とアドバイスをしても、すでに相手のことを好きになってしまっている場合、そのことと不協和を起こす「この人は詐欺師だ」という認知を受け入れられずに、逆に相手にどんどんお金をつぎ込んでしまうということが、起こるわけです。

つまり、人間は、このような認知的不協和を不快に感じて解消しようとする心理的メカニズムによって、判断をゆがませてしまうことがあります。これも、自分ではその自覚はなくても、感情的になっている状態だと言えます。

戦前の日本も、「客観的な国力を考えたら、どうやってもアメリカに勝てるわけがない」といった判断をすれば良かったのに、「日本は神国」という価値観や、大本営発表を信じたために、それに反する悪い情報は受け入れたくないという心理が働いて、戦争に突き進んでいきました。これも認知的不協和によって判断がゆがんだ一例と考えることができます。

非人道的な命令にも素直に従ってしまう心理

さらにもう一つ取り上げたいのが、「服従の心理」です。昇進できない、クビになる、あるいはひどい目に遭わせられるといったような理由があるわけでもないのに、ある役割の人間の言うことを素直に信じてしまうという心理です。

たとえば医者から、「コレステロールを下げないと、心筋梗塞になりますよ」と言われるとします。そうすると、「ある本では、コレステロールが高い人のほうが長生きをすると書いてありましたよ」などと反論できるような人は、なかなかいません。やっぱり医者に言われたからということで、指示に従ってコレステロールの薬を飲んでしまうことが多いのです。

あるいは、「がんの検診をいくらやっても、がんの死亡率は下がらない」といった新たな情報に触れることがあっても、「がん検診はまめにしたほうが良い」という、古い知識しか持ち合わせていない医者の言うことを信じてしまうということもあります。新しい情報が、海外のきちんとした論文などに基づくものであっても、その内容を拒絶するのです。

このように人間は、医者や大学教授のような権威のある人の言うことには、つい服従してしまいます。

この心理を明らかにした学者に、スタンレー・ミルグラムというアメリカの心理学者がいます。ミルグラムは次のような面白い実験をしました。

まず、実験者は「学習者を賢くするための実験に協力してください」と言って被験者を集め、「学習者」と「先生役」の二手に分かれてもらいました。

先生役の人を別室に入れ、「問題を間違えるたびに電気ショックを与えると、学習者は賢くなります」と伝えて実験を開始します。実は学習者はみんなサクラです。

サクラである学習者は、わざと答えを間違えます。学習者が間違えると、実験者は先生役の人に、「電気ショックを与えてください」と言います。その指示に従って、先生役の人は電気ショックのスイッチを入れます。実際には電気は流れていないのですが、学習者は電気ショックを与えられて痛がるフリをします。

学習者が答えを間違えるたびに、実験者は先生役の人に、電気ショックのボルトを上げるように指示します。学習者がどんなに痛がっても、間違った答えを言えば、「もっと強い電気ショックを与えてください」と指示するのです。

電気ショックのスイッチには、一五ボルトから四五〇ボルトまで三〇段階が刻まれていて、三七五ボルトのところには「ここからは危険領域です」と表示されています。

電圧が上がれば痛みは強くなるはずなので、サクラである学習者は、「ギャー、痛くて死にそうだー」「もうやめてくれ！」というように、痛みが強くなったかのように演技をします。そして、三三〇ボルトを超えると、反応しなくなるのです。「死んでしまったのではないか」と思わせる状態です。それでも実験者は先生役の人に電圧を上げるように指示します。

実験前は、いくら実験者が先生役の人に「もっと強い電気ショックを与えてください」と言っても、痛がっている学習者を見れば、先生役の人は途中でスイッチを押すのをやめるだろうと予想されていました。特に三七五ボルトからは危険領域になっていますから、それをはるかに超える最高の四五〇ボルトまでスイッチを押す人はいないはずです。

実はミルグラムは実験前に、「どのくらいのレベルまでスイッチを上げる人がいると思いますか」と多くの人に予測してもらいました。そのときの回答は、「最後の四五〇ボルトまでやる人」はごくわずか（平均一・二％）だろうというものでした。ところが、現実には、六割以上の人が最高の四五〇ボルトまで上げてしまったのです。

先生役になった人の中には、途中で「これ以上やったら危険だからやめるべきだ」と言った人もいました。しかし、実験者が、「続けていただかないと困ります」「絶対に続けてください」と言うと、いったんは抵抗しても、指示に従ってしまったのです。

先生役の人は、スイッチを押さなければ自分が罰せられるということではありませんでした。にもかかわらず、学習者が死ぬぐらいのレベルまで実験を続けてしまう人が六割もいたのです。この結果からは、人間は、非人道的なことであっても、服従の心理が働いて、権威者（この場合は実験者のこと）の言うことを聞く傾向があるということが明らかになりました。

ミルグラムの研究グループは別の実験も行っています。囚人服を着せたグループと看守の服を着せたグループをつくり、それぞれに囚人と看守の役を演じさせるというものです。その結果、看守役のグループは、どんどん囚人役の人たちに罰を与え、残酷になっていきました。権威のない普通の人でも、特別な肩書や地位、役割などを与えられると、その役割にしたがって行動してしまう心理があることも、明らかにされたのです。

人は知らないうちに感情的になっている

以上、この章で私が言いたかったのは、人間は、感情的になっていないつもりでも、ある種の心理特性を持っているために、知らず知らずのうちに感情的になり、判断がゆがんでいることがあるということです。しかもそれは、そんなに珍しいことではありません。

ということは、感情的な状態から離れて冷静な自分に戻るためには、まず自分の判断がどういうときにどんなふうにゆがめられてしまうのかを知り、そのうえで、「同調心理に巻き込まれていないか」「認知的不協和を起こしていないか」「現状維持バイアスで行動をしていないか」と、チェックを入れていく必要があります。

最近は、「悪用してはいけませんよ」と断りを入れながら、他人の心を操作するテクニックを紹介する本が多く出ています。でも、「振り込め詐欺にだまされないように」と耳にタコができるほど言われていても、ついだまされてしまう人が多いのが現実です。自分がテクニックを使うためにというより、むしろだまされないために、そのような心理メカニズムを知っておいたほうがいいと思います。
ある確率で人間というのは忖度して動いてしまう。
ある確率で人間というのは同調のほうに働いてしまう。
ある確率で人間というのは現状維持バイアスに囚われてしまう。
ある確率で人間というのは損を恐れる心理のほうが強くなる。
ある確率で人間というのは認知的不協和に振り回されてしまう。
ある確率で人間というのは服従してしまう。

――これらはめったに起こらないことではなく、最近の選挙結果を見てもわかるように誰もが経験する普遍的なパターンです。そして、人間にはこのような特性があるということを知っておくだけで、これらのパターンに陥るのを防ぐことができるでしょう。

自分は感情的になっているつもりはないのに、私たちの心理は様々な形でゆがめられ、そのために感情的な言動をし、感情的な判断をしてしまいます。それを常に自覚しておくことが重要だと思います。

第三章

感情バカになりやすい人

知的な人でも気分や感情で判断が変わる

第二章では、感情的であることのバリエーションとして、判断をゆがませる典型的な心理パターンについて、お話ししてきました。

そういったパターンには当てはまらない、喜怒哀楽や、気分がハイになっているとかダウンしているとか、そういったことによっても、人間の判断は変わってきます。

私自身がいちばん感情的だと思うのは、そのような、言ってみれば「素朴」な感情に判断が支配される人です。

このような感情的な判断をしてしまう人というと、一般的には、理性的ではなく知的レベルが低いと思われがちですが、そんなことはありません。現実には、知的な人でも感情によって判断が変わることはたびたびあります。

たとえば、一般には知的だと思われている企業経営者もそうです。

私の印象では、庶民感覚として、アベノミクスによって景気が良くなったと思っている人はあまりいないように思います。ですが、株価が上がったとか金利が低くなったといったことで、「安倍政権になってからとても景気が良くなった」と思っている企業人は多いように見えます。「多少お金を使っても安心だ」という判断をしている企業人も少なくないようです。それを裏付けるように、M&A（合併・買収）で海外の大企業を買う企業もぼちぼち出てきています。

ですが、ここでちょっと考えてみたいことがあります。

海外の一流企業の間でもM&Aは盛んですが、通常は自国の通貨が高いときにM&Aを行います。

たとえば一ドルが八〇円という円高の時代であれば、一〇〇億ドルの会社を八〇〇〇億円で買えます。それが一ドル一二〇円の円安になってしまうと、一〇〇億ドルの会社を買うのに一兆二〇〇〇億円、つまり四〇〇〇億円も多くかかります。

そこで、通常、海外の企業は、自国通貨が高いときにM&Aを行うことが多いのです。

しかし、日本企業の場合は、一ドル八〇円の円高のときは、景気が縮小したということで、すっかり内向き志向になってしまいました。実際は利益は出ていて、内部留保（蓄え）も二六〇兆円もあったにもかかわらず、「やっても失敗するだろう」という悲観的観測から、M&Aを行う企業はほとんどありませんでした。例外と言えるのは、ソフトバンクぐらいです。

ところが、一ドル一二〇円の円安の時代になると、景気が良くなったと思ったのか、いろいろな企業が、巨大なM&Aを行うようになったのです。

このように、海外の企業であれば、自国の通貨が高いときにM&Aを行い、通貨安のときに輸出で儲けるという発想をするわけですが、日本企業の場合は、自国通貨が高いときは気分が落ち込んでしまって積極的な経営戦略を取らず、自国通貨が安いときは積極経営でコスト高なM&Aをやる——みたいなことが起こるわけです。

こういう状況を見ると、知的レベルの高い企業経営者も、やはり気分や感情によって判断が変わっているのではないかと思うわけです。

人間の判断が気分や感情によって変わることは、かなり昔から知られていました。特に認知療法という心の治療を行う医者や心理学者は、このことをさんざん指摘してきました。

認知療法を開発したアーロン・ベックというアメリカの精神科医は、うつ病のときには悲観的な認知が起こり、それによってまたうつ状態が悪化すると考えました。

そこで、うつ病で気分が落ち込んでいるときでも悲観的判断に囚われないように、ほかの可能性も考えられるように心をトレーニングし、悪循環を断ち切って気分を楽にするという治療をするわけです。

現在、認知療法は、アメリカだけでなく日本でも、うつ病治療の主流になっています。

もちろん、うつ病にまで至らなくても、気分や感情によって判断や認知が変わったりゆがんだりする体験は、多くの人がしているでしょう。知的レベルが高いか低いかは関係ないということは、知っておいたほうがいいと思います。

なぜアメリカの経営者はお抱えの精神科医を持つのか

アメリカ映画を観ていると、登場人物が精神科医のところに行ってカウンセリングを受けるシーンがよくあります。実際問題として、アメリカの経営者は、精神科医や心理学者などお抱えのカウンセラーがいるのが一般的で、これはメンタルヘルスのためだと言われています。

最近は、日本もアメリカ型の経営システムになってきたために、経営者が置かれている環境は、メンタル的にかなり厳しいものになってきているように思います。

かつては、取締役や取引銀行に相談しながら経営判断をしていくという合議型の経営が一般的でしたが、最近は、経営者が積極的にリーダーシップを取ってトップダウン型の経営をするほうが望ましいという流れになってきています。

経営者としても、そのほうが自分のやりたい経営がやれるし、経営がうまくいったときには、昔と比べてかなり高額な報酬が得られるというメリットが、確かにあります。しかし、逆に失敗したときは、さっさと退場させられるだけでなく、場合によっては株主に巨額の訴訟を起こされてしまうというデメリットもあります。

結局、アメリカ型の経営者は、自分のリーダーシップを思う存分発揮できるという点では恵まれているかもしれませんが、その反面、ダメだったときは、いつ訴えられるかわからないという、ものすごいストレス状態に置かれていることになります。

事実、昔から、アメリカの経営者には、ピストル自殺をはじめとして、自ら命を絶つ人が多いと言われています(一方、日本の場合、ビジネスパーソンの自殺で多いのは、トップではなく、中間管理職が経営者と部下の板挟みになって追いつめられるケースと言われています)。

このような高ストレス状態に置かれているために、アメリカの経営者にはお抱えの精神科医や心理学者がいると考えられてきました。

ところが、私が実際にアメリカで精神分析を受けてみると、そこにはストレス対策以上の、もっと積極的なメリットがあることがわかりました。毎日のように精神分析を受けて、今の気分だとか言いたいことだとかを聞いてもらえると、ある意味、非常に気分が楽になります。そして、気分が楽になると、いろいろなことが考えやすくなるのです。

たぶんアメリカの経営者たちは、精神科医や心理学者のサポートを得て、精神的に安定している状態のほうが、経営上いい判断ができるということを、経験的に知っているのだと思います。

頭のいい人が頭の悪い判断をするのは、たいがい感情的になったときです。そんなときにカウンセラーのところに行って、「今は気分がハイになっているから、楽観的な判断をしているんじゃないか」とか、「気分が落ち込んでいるから、悲観的な判断をしているんじゃないか」というようにモニタリングしてもらい、「ほかの可能性も考えるといいですよ」などとアドバイスを受けることで、誤った判断に陥らずに、精神的に安定した状態で判断を下せるわけです。

日本では、まだまだ、お抱えの精神科医やカウンセラーがいる経営者はほとんどいません。経営者にかぎらず、精神科には、うつ病などになって初めてかかる人がほとんどです。ただ、保険診療だと5分か10分しか話を聞いてもらえません。そこで、私はこれまで習ってきた精神分析や認知療法、森田療法をきちんと時間を取ってできるような自費診療のエグゼクティブ・カウンセリングを始めたのですが、今のところ経営トップの患者さん（芸能人の人たちはときどき診ますが）はゼロのままです。

振り込め詐欺に見る、人を感情的にさせるテクニック

振り込め詐欺は、当初は「オレオレ詐欺」と言われていました。「オレオレ詐欺」という名称は、「オレなんだけど、実は……」といった詐欺師のセリフから付けられました。ただ実際は、「お宅のお子さんが事故を起こしました」「お宅の息子さんがチカンで捕まりました」などのように、「オレ」という言葉を使わない詐欺も多いので、「オレオレ詐欺」から「振り込め詐欺」という呼び方に変えられたと言われています。

この手の詐欺が流行り出した頃、私はあるテレビ番組のレギュラーコメンテーターをしていました。番組の中で「〝オレオレ詐欺〟という呼び方だと〝オレオレ〟と言わない人にだまされてしまう可能性もあるので、〝即日振り込み詐欺〟と呼んだほうがいいのでは？」と発言したことがありました。

すると、それからしばらくして、ディレクターが、「あのときの和田先生のコメントを

警察の偉い人が聞いていたそうで、『〝オレオレ詐欺〟という言い方はやめて〝振り込め詐欺〟にする』と言ったそうですよ」と教えてくれました。

警察の偉い人が本当に私のアイデアを採用してくれたのならうれしいかぎりですが、実は私が大事なポイントだと思ったのは、「振り込み」や「振り込め」という言葉よりも、「即日」という言葉のほうでした。

どうして、「即日」にこだわったかというと、こういうことです。

たとえば、結婚詐欺や取り込み詐欺など、通常の詐欺は、時間をかけて相手を信用させて金をだまし取るというやり方をします。

有名なところでは、一九八五年頃に金の地金を使った、豊田商事の大型詐欺事件があります。これも豊田商事のセールスマンが被害者たち（主に老人）の家に足繁く通い、時間をかけて信用させたうえで、老後の蓄えをごっそりと奪っていきました。

ところが、振り込め詐欺は、電話がかかってきて、「今日中に振り込んでもらわないと大変なことになる」というように、その日に対処しなければ手遅れになるという切迫した状況を設定します。

最近は銀行の口座管理も厳しくなっているので、口座を指定して振り込ませるというやり方はあまり取らず、「すぐに宅配便で送って」「バイク便で送って」とか、「同僚に取りに行かせるから、○○までお金を持ってきてくれ」といったやり方が多くなってきているようです。いずれにしても、この手の詐欺に共通しているのは、相手に時間的余裕を与えないということです。

そうすると、やはり「即日詐欺」という呼び方のほうが「振り込め詐欺」より適しているように思うわけです。

それにしても、詐欺師たちが、人間を冷静・理性的な状態から感情的な状態にさせるのがうまいのは確かです。ここからは、主に詐欺師たちが使うテクニックを見てみましょう。

人間が感情的になるのは、一つは、「不安」になったときです。不安が人間を感情的にするという話は前にもしましたが、ここではもう少し突っ込んで考えてみたいと思います。

不安なときには、「こうしなければならない」「こうしなければ大変なことになる」という心理がとても強くなります。詐欺師から電話を受けた親御さんや家族は、「お宅の息子さんが会社のお金に手を出してしまいました」「お宅の息子さんがチカンで捕まりました」といった最初の一撃で不安に支配され、「すぐに振り込んであげないと、ウチの子どもが会社のお金の使い込みで訴えられてしまう!」「今示談金を支払わないと、息子がチカンの罪で刑務所に送られてしまう！」という気持ちになります。

これは詐欺ではありませんが、たとえば、「北朝鮮が東京にミサイルを落とすんじゃないか」と思うと、今にでも本当に起きると思い込んでしまう人もいます。

がんノイローゼのケースも同じで、検査もしていないのに「オレはがんだ」と決めてかかり、それで怖くなって自殺してしまうという笑えない話もあります。

彼女から二、三日連絡がないと、「仕事が忙しいと言っていたから電話をかけるヒマもないんだな」と受け止めればいいものを、「ほかに男がいるに違いない」などと思い込み、彼女から「ごめんね、忙しかったから」という電話が入っても、「どうせ浮気でもしていたんだろう！」と怒鳴りつけ、本当に別れてしまったといった話も聞いたことがあります。

これらはいずれも「不安」のなせるわざです。つまり不安心理というものは、人間の言動や判断を大きくゆがめ、「疑う」とか「ほかの可能性を考える」ということをできなくさせてしまうのです。

時間を切られるだけで正しい判断ができなくなる

次に、「時間を切る」ということについて考えてみましょう。これも振り込め詐欺の犯人たちが使っている、相手を感情的にさせる手段の一つです。

「経理の締めである二時までに振り込まなければ、お子さんが会社をクビになりますよ」「四時までにお金を相手に渡さないと和解が成立しません。そうなると息子さんは逮捕されます。銀行は三時までですから急がないと間に合いませんよ」というように、期限を区切られれば区切られるほど、人間は感情的になります。

もしも期間が区切られていなければ、誰かに相談したり、あとでゆっくり考えたりすることもできるわけですが、「〇時まで」と時間を区切られてしまうと、心の余裕がなくなってしまいます。その結果、「指定された時間に間に合わなかったら、大事な息子が大変なことになる！」と感情的になり、正しい判断ができなくなってしまうのです。

振り込め詐欺のような不安心理を伴わず、単純に期限を区切られるだけで、判断が感情的になることもあります。

前に、日本の選挙では、「損失回避性」や「現状維持バイアス」といった心理が有権者の投票行動に影響を与えているとお話ししました。それも、日本の国会議員の選挙運動期間が二週間程度と、短いことによるところが大きいと思います。

周囲に相談させない「情報遮断」のテクニック

さらにもう一つ、「情報遮断」についてもお話ししておきたいと思います。これも振り込め詐欺の詐欺師たちが、相手を感情的にするために利用している手段の一つです。

振り込め詐欺では、チカンで捕まったという設定にしろ、会社の金を使い込んだという設定にしろ、多くの場合、「あなたと私の秘密にしておきますから、ほかの人に絶対言っちゃいけませんよ。ほかの人に言ってしまったら、私がこうやって内緒であなたに連絡しているのが無駄になってしまいます」といった内容のことを言います。

それを真に受けると、ほかの人に相談することもできず、自分一人だけで対処しなければならないという苦しい状況に追い込まれるので、当然、判断が感情的になってしまいます。

以上見てきたように、振り込め詐欺における人間を感情的にする要素としては、「相手を一撃で不安にする」「時間を区切ってほかの可能性が考えられないようにする」、そして「情報遮断によってほかの人に相談させないようにする」という三つが挙げられます。

この三つの手口を知って、振り込め詐欺に引っかからないようにしてほしいのはもちろんですが、私が言いたいのはそれだけではありません。

このことは逆に考えれば、「不安心理に振り回されてはいけない」「時間をかけてほかの可能性を考えなければいけない」「人に相談しなければいけない」ということになります。日頃からこの点を意識し、感情的になって大きな判断ミスをすることを防いでほしいと思います。

「誰が言っているか」で決める「属人思考」

ここからは、感情的な判断・思考のバリエーションをいくつかご紹介しましょう。

多くの人が、感情的判断だとは思っていない感情的判断のパターンに、「属人思考」というものがあります。

属人思考というのは社会心理学の用語で、「何を言っているか」でなく、「誰が言っているのか」で、その考え方が間違っているか正しいかを判断するというものです。

たとえば、「Aさんのやっていることは何でも悪い」「Aさんの言うことは何でも間違っている」とか、あるいは逆に「Aさんの言っていることだから何でも正しい」というように、判断基準が「人」に属しているので、「属人思考」と言われるわけです。

その人のことが好きとか嫌いとか、あるいはその人を正しい人だと信じているか信じていないかで物事を判断しているわけですから、当然、精査は甘くなります。

社会心理学者の岡本浩一氏は、属人思考の対になる考え方として、「属事思考」ということを言っています。「誰が」ではなく、「何を」言っているのか、「何を」したのかで、正しいか間違っているかを判断するということです。

たまたま私がこの原稿を書いている最中に、知り合いで経済企画庁の官僚だった原田泰氏が、日銀の審議委員という立場で、「ヒトラーは正しい財政政策をした」と発言したことで国際的に非難されているというニュースが流れてきました。

問題となった原田さんの発言の内容はだいたい次のようなものです。

「ヒトラーは、ケインズの経済理論の通りに大規模な公共政策をしたことで、ドイツ経済を立て直した。しかし、その余力で戦争をしてしまった。つまり、ヒトラーが正しい財政・金融政策をしてしまったことで、かえって世界が悪くなったのだ」

事実、ヒトラーが政権を取る前のドイツは、借金まみれで、ヨーロッパで最も貧乏な国でした。ところが、毎年一〇〇〇キロメートルぐらいのアウトバーン（自動車高速道路）を造るなど公共事業を積極的に展開したことで失業者が激減し、ドイツ経済は見事に復活したのです。

もちろん、ヒトラーがオーストリアを併合し、ポーランドに侵攻して第二次世界大戦の火種をつくったり、差別政策を採ってユダヤ人を迫害したりしたことは到底許されることではありません。が、実はいろいろな学者が、「一九三三年から三八年までのヒトラーはドイツ経済を立て直したいい政治家だったが、三八年以降におかしくなった」というように、ヒトラーのすべてを否定するのではなく、ある面は高く評価し、ある面は批判するといった論評をしています。

こうした考え方は属事思考に当てはまります。

他方、原田氏を非難している人たちは、どんな形であれヒトラーを褒めるのは良くないという政治的な判断もあるのだと思いますが、「ヒトラーがやったことはすべて間違っている」と考えているので、これは典型的な属人思考だと思います。

また当時のドイツ国民も、経済を立て直したヒトラーのやることは何でも正しいと思い込んでしまったことから、結果的にナチスの暴走を許したわけで、これも属人思考が人間の判断をゆがめた例と言えるでしょう。

「嫌いな人でもいいことを言うことがある」と考える

属人思考は、国を問わず見られるものではありますが、私自身は、欧米人よりも日本人のほうが属人思考の傾向が強いと考えています。

たとえば、日本ではノーベル賞を取った学者を、教育改革の審議会や教育政策の委員会などのトップに据えることがよくあります。これも「ノーベル賞学者の言うことは全部正しい」といった属人思考によるものだと思います。

ノーベル賞を取ったからといって、その人の言うことや考えが何でも正しいということにはなりません。教育の専門家でも教育政策の専門家でもなく、教師経験さえほとんどない人を、ノーベル賞学者であるという理由だけで教育関連の委員会などのトップに置き、周りもそれを当たり前みたいに思って反対しないのですから、おかしなものです。

これがアメリカだったら、いくらノーベル賞を取ったとしても、専門外の人をそういう場に引っ張ってきて、いちばん偉い席に着かせるということは絶対にあり得ないことです。

また、私は現在五七歳で、東大に入学してから四〇年近くも経つわけですが、いまだに「和田先生は東大の医学部を出ていらっしゃるんですから、すごいですね」などと言われることが少なくありません。

確かに、大学合格当時は、自分の知的レベルについてそれなりの自信を持っていました。

ですが、それから四〇年も経っています。その間にどれだけ勉強をしていたかということのほうが、はるかに、その人の知的レベルを推し量る目安になると私は考えています。

たとえば一二歳で開成中学の受験に落ち、それより偏差値が下のランクの中学に行った人と、開成中学に受かった人とでは、その時点では、開成に入った人のほうが学力が高いかもしれません。ですが、それから六年経って、開成に落ちた人が東大に合格し、開成に受かった人は入れなかったということは、全然珍しいことではありません。

たった六年でもそうなのですから、東大に入ってから四〇年も経っていれば、逆転劇はいくらでもあると考えるのが当たり前だと思います。

ところが、東大に合格した人、あるいは東大を出た人という属人的なものだけで、その人間が、年を取ってもずっと、賢いと判断されてしまうことが多いのが現実です。

結局、属人思考をする人というのは、肩書の立派な人や権威者の言うことを正しいと思ってしまう人と言ってもいいでしょう。また、「好きな人の言うことは全部正しい」と思ってしまうのも、「嫌いな人の言うことは全部間違っている」と思うのも属人思考の典型です。

属人思考による判断ミスを防ぐためには、「嫌いな人でもいいことを言うことがある」

「好きな人でも間違いがある」というように、属事的な発想をすることが必要です。

とはいえ、いろいろな場面で、その人のことを好きか嫌いかといった属人思考で判断している人は多く、しかも、そのことに気づいていない場合が大半なので、なかなか厄介な問題ではあります。

「かくあるべし思考」の悪循環

「感情的判断ではなく、正しい判断だと思っている」ということ自体が、実は感情的な判断であるというパターンもあります。

その代表的なものが「should thinking」とか、「かくあるべし思考」などと呼ばれるものです。

これは、〝かくあるべし〟という枠の中でしか判断できないというものです。たとえば「人間は働かなければいけない」と思っている人たちは、自分がうつ病になって働けなくなったときに、「ああ、オレはもうダメな人間なんだ」と考えてしまいます。

そういう人たちが、「人間は誰にでも、心の状態や体の状態によって働けなくなることがあるので、生活保護のような社会保障のシステムが制度化されているのである」という当たり前のことに気付いていれば、そんなに悲観的にならずに済みますが、〝かくあるべし〟という思考に囚われているので、身動きができなくなり、自分で自分を縛ってしまうのです。

かくあるべし思考の人は、自分がその〝かくあるべし〟の状態でないと苦しみを感じますし、他人に対しても、〝かくあるべし〟でない人は許せないという怒りを感じます。その点でも、感情的になりやすいと言うことができます。

たとえば「人間は働かなければならない」というかくあるべし思考を持っていると、有給を取って会社を休む人や、残業をしない人を見たら、「こいつは全く働く気のないヤツだ」とか、「いい加減なヤツだ」と腹を立て、「会社に雇われている以上は、どんなに自分の都合があっても、有給など取らず、残業もすべきだ」などと、他人にも押し付けようとします。

生活保護バッシングも、このような「かくあるべし思考」によって起こるのではないかと私は考えています。

また、かくあるべしでない人に対して、いったん「あいつはいい加減だ」などとレッテルを貼ってしまうと、その人がたとえば会議で正しい発言をしても、「お前みたいなサボリ屋が何を偉そうなことを言っているんだ」といった怒りの感情が出てきて相手の言うことを認めることができず、ますます判断がゆがめられてしまいます。

このように、「かくあるべし思考」は、何重の意味でも好ましくない判断・思考パターンだと思います。

グレーを認められない「二分割思考」

かくあるべし思考のように、人間の判断をゆがめてしまう思考パターンを「不適応思考」と言います。

不適応思考というのは、認知療法を生み出したアーロン・ベックの後継者に当たるアーサー・フリーマンという心理学者が、うつ病になりやすい人の特徴としてまとめたものなのです。そのフリーマンが、「かくあるべし思考」のほかに、不適応思考の代表として挙げているのが、「二分割思考」と言われるものです。

二分割思考というのは、味方でなければ敵、正義でなければ悪というように、二分割する、物事を白か黒かにはっきりと分けるような極端な考え方です。

この考え方がまずいのは、白と黒の中間には当然グレーの部分があるのに、その中間部分が見えなくなっている点にあります。

たとえば、味方だと思っていた人がちょっとでも自分の批判をすると、「こいつは敵になった！」と怒りに駆られて判断したり、逆に敵だと思っていた人に褒められたとたんに、味方だと思い込んだりしてしまいます。通常は、どちらかというと、味方を敵にしてしまうことが多いので、こういう思考パターンの人は孤立しやすいと言うこともできます。

また完全主義の人の場合は「完璧でなければ失敗」という捉え方をするので、仕事でちょっとミスをしただけで、「オレはダメなんだ！」と落ち込んだりします。このような点から、二分割思考の人は、うつ病になりやすいのです。

二分割思考をする人は、「あいまいさ耐性」が低いと言い換えることができます。あいまいさ耐性とは、白と黒の間のグレーの部分をどれだけ認められるかということです。

たとえば相手を見るときに、「まあ八割ぐらいは味方だろうけど、二割ぐらいは敵の要素があるな」と思えれば、冷静に話を聞くことができるわけですが、それができないので、「あいつは敵だ」と、感情的になってしまいます。

このことに関連して、「認知的成熟度」という言葉もあります。あいまいさにどれだけ耐えられるかの指標になるものです。

たとえば、自然界には、ちょっと食べれば薬になるのに、たくさん食べると毒になる植物があります。動物はそのような植物を、毒だと判断します。動物には「ほどほど」といった量の概念がないからです。

私たちは、小さな子どもも、動物と似たようなものだという考え方をします。つまり、少量なら薬になっても、食べ過ぎたり飲み過ぎたりしたら毒になるようなものは、子どもの手の届かないところに置くわけです。

ところが、子どもがだんだん成長し、認知的成熟度が高くなってくると、「これは少し食べる分にはあなたの体にいいんだけど、たくさん食べると毒になるのよ」と教えて、適量を食べさせるわけです。

このように、量の概念がわかったり、場合分けができたり、白と黒以外にグレーがあることが理解できたりということは、認知の成熟度が高くなったことを意味しています。

また認知的に成熟している人でも、不安や怒りの感情に支配されることで、急に認知的に退行し、二分割思考に陥ってしまうこともあります。

認知療法では、かくあるべし思考や二分割思考をはじめ、いろいろな不適応思考を想定しています。最終章では、不適応思考から脱却する方法を考えてみたいと思います。

プロセスにこだわり目的が見えなくなる人

感情に判断が支配されている人には、プロセスにこだわるという特徴があります。緊張すると顔が赤くなってしまうので、人前に出られないという人がいます。赤面恐怖と言われ、対人恐怖症という神経症の典型的な症状の一つです。

赤面恐怖の人は、精神科医などを訪れて、まず「顔が赤いのを何とかしてほしい」と訴えます。

私たち精神科医は、そういった人へのカウンセリングの際に、「どうして顔が赤いのを治したいのですか？」と質問することがあります。そうすると、たいがいの場合、「人に嫌われるからです。顔が赤いせいで人に嫌われるし、顔が赤いせいで友達ができないんです」といった答えが返ってきます。

それからまた次のような会話が続きます。

「本当の目的は、人に好かれたいということですよね。要するに嫌われたくないということでしょう？」

「そうです。でも、顔が赤いかぎりは人に好かれません。嫌われてしまうんです」

「じゃあ、顔が赤いのが治せなくても、人に好かれたらいいんじゃない？」

「そんな方法なんてありませんよ」

あきらめている相手に、私たちは次のような話をします。

「ただ一つだけ知ってほしいんだけど。私は長い間精神科医をやっているけど、顔が赤いのにすごく人に好かれている人もいるし、顔が赤くないのに人に嫌われている人もうなるほどいるんですよ」

そして、

「顔が赤いのを治さなくても、話術を磨くとか、愛想を良くするとかすれば人に好かれるようになりますよ。顔が赤いのが気になるなら、『私は偉い人の前に出ると顔が赤くなっちゃうんです』といったエクスキューズを考えておけば、顔が赤いのを治さなくても人に好かれますよ」といったことを話します。

このやりとりから、この人が、顔が赤いのを治すというプロセスにこだわっていることがわかるでしょう。

ですが、この人が本当に困っているのは、顔が赤くなることではなく、それによって人前に出られない、対人関係がうまくいかないということです。顔が赤くなるのは、人前に出るのが怖いという恐怖感や、人前に出るとアガってしまうというパニック・不安感から派生することです。

したがって、重要なのは、顔が赤くなるのを治すというプロセスではなく、対人関係を改善するという目的なので、カウンセリングのときには、プロセスよりも目的を意識してもらうよう、導いていくわけです。

私はよく受験のアドバイスもしますが、数学や英語が苦手だからという理由で、「行きたい大学にはとても行けない」と落ち込む人が少なくありません。

私はそのような受験生に対しては、「あなたの行きたい大学の受験科目は、数学や英語だけじゃないでしょう？　苦手科目が〇点だったら受かるかどうかはわからないけど、一〇〇点満点で二〇点も取れたら、あとは得意科目で点数を稼げば、合計点で合格者の最低点はクリアできるよ。得意科目を伸ばしていこうよ」といったアドバイスをします。

こういった受験生は、苦手科目を克服する自信がないという劣等感によって、それをどうするかというプロセスに引っかかって、行きたい大学に行くという本来の目的が見えなくなってしまっているわけです。

第二章で、不安や恐怖の感情に支配されると、ほかの選択肢があることを考えられなくなってしまうとお話ししましたが、「プロセスにこだわる」ことは、その一例だと言うこともできるでしょう。

不安心理に振り回されている人やパニックになっている人、あるいは「こうなるに決まっている！」と思い込んでいる人は、まず、「ほかの選択肢もある」ということを考えられるようになることが大事です。それによって心理的余裕が生まれ、判断ミスを防げるようになるのです。

第四章

ＡＩが政治をやったらどうなるか

「感情に左右されない判断」のモデル

これまで人間の感情について見てきました。この章では、ちょっと趣向を変えて、もし人間に感情がなければ、どのような判断をするかということを考えてみたいと思います。

実際に生きている人間から感情を取り除くことはできませんが、この問題を考えるのに、ちょうどいいモデルがあります。

今話題の「AI」です。「Artificial Intelligence」の略で、日本語では「人工知能」と訳されています。近年、ディープラーニングなどの技術により、AIは急速な進化を遂げていますが、まだ、人間の感情をプログラムするまでには至っていません。

ソフトバンクが開発したロボット・ペッパーなどは、人間の感情を理解して模倣し、みずからも表現できると言われていますが、人間の複雑な感情のメカニズムから見れば、まだ極めて単純なレベルと言っていいでしょう。

そこで、様々な問題について、感情に左右されない判断の例として、AIだったらどう判断するかを考えてみたいと思います。

AIが実用化されると、たとえば自動車の自動運転が可能になってタクシーの運転手が大量に失業してしまう、レジ打ちなども全部やってくれるようになるので、コンビニのアルバイトやスーパーのパートなども失業してしまう、といったことが言われています。

そういうことから、ＡＩが実用化すれば、単純労働がどんどん減って、失業する人が大量に出ると言われています。しかし、単純労働ばかりではなく、いわゆる知的職業と言われる仕事も、今後、ＡＩに取って代わられていくのではないかと私は見ています。

たとえば弁護士です。ＡＩは膨大な法律をすべて記憶し、膨大な数の判例も瞬時に探ることができます。その点でＡＩに勝てる弁護士はいないでしょうから、下手な弁護士よりも優秀なことは確かだと思います。公認会計士の仕事も同じことが言えるかもしれません。

私は医者ですが、医者も安穏としているわけにはいかないと思います。

現実的な話をすると、今の日本の医者の多くは、患者さんの話をゆっくり聞く時間がないということもあるので、検査データだけを見て診断し、薬を出しています。

だとすれば、検査データだけを見て、それに合った薬を選ぶということにおいては、人間の医者よりも、ＡＩのほうがはるかに間違いがないと思います。

薬の相互作用なども即座に判断できるでしょうから、糖尿病の薬と血圧の薬が必要な患者さんに適切な量を配分することもできるはずです。副作用の発現率はどのぐらいか、どの薬が将来有効かといったことも即座に判断してくれるわけですから、人間の医者よりもずっといい治療ができてしまうわけです。

また、画像診断でがんを見落とすようなミスを犯さないという点でも、ＡＩのほうが人間よりもはるかにいい診断をするだろうと言われています。

確率の低い不安に振り回されない

では、ＡＩに政治家は務まるでしょうか。

政治家には、政治家として必要な情報や判断基準などがいろいろあると思いますが、それをプログラムとしてＡＩに組み込むのは人間側がやることになるでしょう。

たとえば、「失業率を下げるにはどういう政策がいちばんいいのか」とか、「最もたくさんの人の収入を増やすにはどういう政策があるか」というようなことを基準にしたプログラムかもしれません。

また、コストパフォーマンスを優先するプログラムを組み込めば、「人間一人の命を救うのにどれだけのお金をかけるか」という難しい問題を、ＡＩは感情抜きで判断してくれるはずです。

私たち人間は、確率は低いけれどもたくさんの人が死ぬというものに対して、非常に大きな恐怖を感じます。ですから、車に乗るのは平気でも、飛行機に乗るのは怖いという人が少なからずいます。

現実を見ると、交通事故で死ぬ確率は、飛行機事故で死ぬ確率よりも格段に高いのです。ちなみに、警察庁交通局のデータによると、二〇一六年度の交通事故死亡者数は全部で三九〇四人で、そのうち歩行中に亡くなった人が一三六一人でいちばん多く、次に多いのが自動車乗車中に亡くなった人で、一三三八人です。

一方、日本の飛行機事故はどうかというと、運輸安全委員会の、同じく二〇一六年のデータを見ると、グライダーが墜落して個人が亡くなった例はあっても、大型旅客機による死亡事故はゼロです。二〇一六年度だけではなく、少なくとも二〇〇〇年代に入ってから旅客機の死亡事故はゼロが続いています。

つまり、飛行機よりも自動車事故のほうが死ぬ確率が高く、さらには、単に歩いているだけでも、自動車に乗っていて死ぬ確率とあまり変わらないわけです。

それでも、事故が怖くて車に乗るのがイヤだという人や、道を歩くのが怖いという人はあまりいないと思います。

ところが飛行機となると話は別です。知り合いにも何人か、飛行機に乗るのが嫌いだという人がいます。みんな知的レベルのかなり高い人たちです。確率的には自動車事故で死ぬ可能性のほうが大きいとわかっていても、墜落したら大量に死ぬ飛行機のほうが怖いという人が多いわけです。

人が大量に死ぬ恐怖といえば、地震や原発事故を思い浮かべる人もいると思います。東日本大震災による原発事故の後、多くの原発が止まっています。地震や原発事故による死亡率は、確率論から言えば、少なくとも自動車事故より格段に低いのは明らかです。それでも原発を止めているということは、やはり人間は、一度に大量の人が死ぬものについては確率以上の強い恐怖を抱くということを示しているのでしょう。

そこで、もしもＡＩが政治をやるとすれば、当然、無視できる確率のものよりも、実際にたくさんの人が死んでいるものに対してお金をかけることになるでしょう。

たとえば、原発事故が起こる確率と、原発を止めることで起こる炭酸ガスの増加リスクや、水力発電を増やすための水位を上げることによる水害のリスクで死ぬ人の確率を考えたら、ＡＩは後者を減らす対策のほうを優先するでしょう。

おそらくそれ以上に、防衛予算より、年間三七万人も死んでいるがん患者や、年間二万数千人にも及ぶ自殺者を減らすための対策に予算を充てることになると思います。

また、北朝鮮が日本にミサイルを撃ってくる確率もＡＩは様々なデータから計算してくれるでしょう。そして、実際に北朝鮮が暴発したときに、何人ぐらいの人が死ぬのかということも計算してくれると思います。

つまり、ＡＩに「これが原因で何人が死ぬのか」「これが起こる確率はどれくらいか」ということを計算させて、そのうえで「なるべく人が死なないような政治をやる」とプログラムすれば、無視できる確率のものにお金を振り当てず、無視できない確率のもの、確率が高いものにお金を振り当てる政策を採ることになると思います。

あるいは、「ＡＩは確率の低い不安には振り回されない」ということも言えると思います。飛行機事故を怖がる人間は多いですが、現実に墜落して死ぬ確率は決して高くはありません。ですから、ＡＩはそういう確率の低い不安に振り回されず、より確率の高いものを優先する政策を採ると思います。

もっとも、首都直下地震のように、もし起こってしまったら、何十万人もが死んで何兆円という経済損失が発生するということであれば、仮に一万分の一といった低い確率であっても、無視できないものとして計算させるプログラムを組むこともできます。

しかし、確率が低く、かつ巨額損失にならないと判断されれば、それについては対策費を充てる優先順位が低くなるでしょう。

怒りの感情に振り回されない

現在のところ、ＡＩは怒りや好き嫌いの感情を持っていません。

したがって、「アメリカは友好国だから、アメリカの言うことは何でも正しい」と考えたり、「中国は嫌いな国だから、中国の言うことは信じない」といった判断はしないということになると思います。

私たちの世界では、人命について、「若い人ほど命は重い」「偉い人ほど命は重い」「金持ちほど命は重い」といった考え方は、少なくとも建前上はしないことになっています。人の命に軽重をつけることは差別とみなされているからです。この建前通りにプログラムをすれば、ＡＩに政治をやらせた場合、現在の政策と相当違ったものになると思います。

今の社会では、たとえば八〇歳の高齢者が車を運転していて、一六歳の子どもが飛び出してきてその車にはねられて死んだら、暴走したわけでもなく普通に運転していた状況での事故であっても、八〇歳の高齢者が一六歳の若者を〝ひき殺した〟という論調になりがちです。

ところが逆に、一六歳の少年が無免許運転で暴走して八〇歳の高齢者をはねて殺してしまった場合は、せいぜいベタ記事で扱われる程度でしょう。世間の反応としても、「その年まで生きたなら往生みたいなものだ」「年寄りだから車をよけられなかったんだろう」などと、高齢者のほうが悪く言われることが往々にして起こり、「若者の無免許運転の罰則をもっと厳しくしよう」といった話にはならないわけです。

実際、高齢者による暴走事故が何件か立て続けに起こった際に、マスコミが大々的に取り上げ、すべての高齢者が認知症になるかのような論調で世間を煽るということが現実にありました。その結果、高齢者は認知症のテスト（認知機能検査）を受けなければ免許の更新ができないように、制度が変わりました。

他方、自動車事故の統計調査では、「免許保有者一〇万人当たりの交通事故件数でダントツに多いのは一六歳から一九歳までの若者」なのですが、「免許の取得年齢を引き上げよう」という話は出てきません。

要するに、人の命は平等なはずなのに、高齢者がやったことは悪く受け取られ、若い人がやったことに関しては「許してやれ」みたいな話になりがちです。そしてマスコミの論調も政府の政策も、その流れに沿ったものになるのが現実なのです。

人の命は平等であると頭ではわかっていても、一般的な心情としては、高齢者が死んだときより、若い人が死んだときのほうが悲しみが大きいことが多いでしょう。そのため、高齢者側に原因があって若い人が死ぬと、怒りの感情が湧いてきます。結局、その感情に振り回されているのが、現在の状況だと言えるでしょう。

実際、いじめ自殺なども、確率的には極めて低いのに、マスコミなどの強い論調もあって、感情的な判断で教育政策が変えられるということがしばしば起こります。たとえば、二〇〇六年には、教育再生会議が発足しました。百ます計算で有名になった陰山英男氏を委員に迎えるなど、ゆとり教育で低下した学力を立て直すための会議だったのですが、この発足から間もなくして、福岡で壮絶ないじめ自殺事件が起こり、多くの時間がいじめ対策に回されるようになってしまいました。

海外ではどうかというと、たとえばフィンランドでは、銃を持つことが合法化されているので、ときどき学校でも乱射事件が起こります。ですが、「銃の乱射事件を起こすのは何十万人に一人しかいないんだから」という受け止め方が一般的で、学校で子どもが銃の乱射事件を起こしたからといって、教育政策を変えるという話にもならなければ、国民から銃を取り上げるという話にもなりません。

日本の場合、子どもがもしも刃物を振り回して大勢の人を殺傷するという事件が起きたらどうでしょう。たとえば、犯行に及んだ子どもが、「詰め込み教育に反発してやった」と言ったら、「詰め込み教育はいけないことだ」という話になり、感情的な判断で教育政策が変えられるはずです。

その点、ＡＩは感情を持たないので、「子どものメンタルヘルスを最大限に保つにはどうすればいいか」とか、「学力を最大限に伸ばすにはどうすればいいか」といった課題に基づいた政策を採ることになります。そして、その課題を成就するために（この前提条件が重要です）、無視できる範囲の犠牲は無視するというやり方をすると思います。怒りの感情や不安の感情に振り回されたりする政策を採らずに、あくまでも確率論にのっとり、本来の目標に向かって政策を行うでしょう。

ポピュリズムに振り回されない

アメリカでトランプ大統領が誕生したのを機に、「ポピュリズム」という言葉がよく聞かれるようになりました。

ポピュリズムとは「民衆の意見をもとに政治を行うこと」を意味する言葉で、日本では「大衆迎合主義」と訳されることが多いようです。

トランプ氏は大統領選で、「アメリカ・ファースト」を訴えました。中東問題に関わって金を浪費するよりも、アメリカ国民のために雇用増大をはじめとする様々な改善に取り組む。そう訴えたことで、「移民がいるから失業者が増えるんだ」「自由貿易にするからオレたちの職がなくなるんだ」などと不満を抱えていた一般大衆から熱い支持を受け、それが大統領選の勝利につながったとされています。

一般大衆の意見に沿った政策を訴えて当選したのですから、彼の勝利はポピュリズムの後押しのおかげであると言ってもいいでしょう。

そのようなポピュリズムの波は、今、世界中に広まっています。欧州などでも、保護主義的な考え方をする人たちが台頭してきています。

なかには、国の赤字が増えたとしても、税金をなるべく上げないだとか、あるいは財政支出を多くするといった政策を採る国もあります。もちろん、本当に景気浮揚効果があり、人々の要求が実現するのであれば、政治運営がポピュリズムであってもかまわないと思います。

しかし、そうやって消費税増税延期を繰り返した日本では、残念ながら、国の借金がものすごい勢いで増え続ける一方で、思ったほど景気が良くなっておらず、新産業も生まれていないという現実があります。

しかし、ＡＩに「最適解となる政策を選ぶ」というプログラムを組み込んだらどうでしょうか。

たとえば、「経済成長率をどのようにして上げるのか？」「失業率をどう減らすのか？」といった問題を出したときに、それに対して、過去の事例だとかいろいろな指標だとかを踏まえながら最適解、すなわち最も適切な答えを出していくのが、ＡＩの基本的なやり方だと思います。要するに、人気が出るか出ないかではなく、答えが正しいかどうか、つまり結果が正しいかどうかのほうを重視するということです。

そういう意味では、勇ましいことを言っている人や強そうなことを言っている人に比べると、ＡＩは地味で手堅い政治をやるかもしれません。

あるいは逆に、人間が考えつかないようなものを最適解として出すこともあるでしょう。

ＡＩにカーネマンの行動経済学の理論をプログラミングしたら、たとえば消費を増やすためには、「人間は得をするよりも損をするほうに反応してお金を使う」という考え方を踏まえて、「むしろ消費をしないと損をする政策を採るのが最適解だ」といったアイデアを出してくるかもしれません。

そうすると、財政出動で経済を良くするというやり方ではなく、逆に、増税する一方で経費を認め、経費を使ったほうが損をしないというような政策を打ち出すかもしれないわけです。

実際にＡＩがどういう答えを出すかわかりませんが、少なくとも政治家がポピュリズム的に人気取りをやるということに比べたら、ＡＩは人気に振り回されずに、最適解を求める作業をするわけですから、最終的に人間にとってプラスになる答えが返ってくる確率は高いと言えるでしょう。

一つ問題があるとしたら、〝誰にとっての最適解を出すのか？〟という点です。最大多数の最大幸福のために答えを出すのか、資本家にとって得な政策を出すのか、それとも労働者にとって得な政治をするのか――それはＡＩにプログラミングする人の考えに基づきます。また、ＡＩがポピュリズムみたいなことを決してしないとは言えませんが、やはり人々からの評価が高くなるかどうかよりも、結果を重視する政治運営をすると思います。

AIは戦争をやらないと考える理由

ＡＩに政治をやらせたときに、私が「おそらくこれはやらないだろうな」と思うものに、〝戦争〟があります。

なぜＡＩが戦争をやらないかというと、人類の歴史のある時期までの戦争と違って、今は戦争が割に合わなくなってきていると思うからです。

昔は、戦争で勝てば相手の領土を奪うことができましたし、場合によっては向こうの国民を奴隷みたいに使ったり、あるいは、そこの国の資源を全部自分たちのものにしたりするなど、いろいろな利権が得られました。

あるいは、かつてであれば、勝つか負けるかに関係なく、景気を良くするために戦争をするということもありました。実際、戦争によって一時的に景気が良くなったり、失業問題が改善したりするといったことも、なくはありませんでした。

だから、これまで多くの為政者が、国内外の諸問題を戦争によって解決しようとしてきたわけです。

ところが、今は昔と比べものにならないくらい、戦争が割の悪いものになっています。多くの人命の犠牲を払い、お金がかかるわりには利権も取れず、相手の国を民主化できても、領土や財産も奪えず、自国の景気も良くならないということが現実に起こっています。

何の見返りもないのに戦争をするといった損なことを、AIはしないでしょう。「バカバカしくて戦争なんかやっていられない」ということになるわけです。

また、正義感や義憤といった感情に駆られて戦争をするかどうかを判断することもないはずです。「多少の犠牲が出ても、正義のために立ち上がろう」といったことを考えるのは、AIではなく人間です。

「世界平和のために、北朝鮮という国はなくしてしまったほうがいい」と考える人はたくさんいると思います。「あんな国は戦争を仕掛けて潰してしまったほうがいい」という意見の持ち主もいるでしょう。

しかし、仮に北朝鮮という国がなくなった場合に、それによって日本が損をすることは当然出てくるはずです。たくさんの難民が日本に押し寄せてきて、そのために多額の費用がかかるかもしれません。AIに、「損になることはやらない」ということさえプログラミングしておけば、そういった様々な情報を分析したうえで、感情を挟まずに判断を下すでしょう。

もっとも、「相手の国の利権が得られる」「資源が得られる」とか、「これだけの投資でこれだけの見返りがある」といったように得だと思える材料がいくつも出てきて、「人命などの犠牲を払ってでも、それを取るほうが得だ」と判断したら、戦争をするかもしれないということになります。

人間の場合は、たとえ戦争をするほうが得であっても、正義感や道徳感情から、「戦争をしてはいけない」と考えるかもしれません。しかしAIにとっては、この場合も、正義感や道徳感情は理由にならず、あくまでも損得で判断するでしょう。ただし、そうだとしても、今の時代は戦争は得にならないので、AIは「戦争をする」という選択肢を選ばないというのが私の考えです。

AIにアドバイスさせれば政治がまともになる

人間に代わってAIが外交をするとしたら、「不安に振り回されない」という点が大きく違ってくると思います。

外交では、どんな問題でも自国に有利に運ぶのが基本ですから、そのための駆け引きの手段として、「脅し」を使うことは少なくありません。

もちろん、子どものケンカではないので、外務大臣クラスの人間が取っ組み合いをしたり、口角泡を飛ばして罵倒し合ったりということはありません。でも、言葉や口調はソフトでも、話の内容は「脅し」以外の何ものでもないということは、現実にあることです。人間の場合、脅しを受けて平気でいられる人は少ないと思います。外交においても、脅されることによって不安心理が生じ、つい妥協してしまうということは十分あり得ます。

たとえば、トランプ大統領が、在日米軍の経費を減らすために、「日本が全額負担をしないなら、米軍を引き上げるぞ」と脅してきたとします。それに対して日本政府は、「米軍がいなくなったら中国が攻めてくるかもしれない。現行法の足かせもあるから自衛隊も頼りにできないし……」ということで、不安心理から妥協してしまうかもしれません。

また、現在の日米地位協定では、米軍兵による悪質な事件があったとしても、基本的に日本側で裁判することができません。そこで日本側が、「地位協定の中身を変えたい」とアメリカ側に言えば、向こうは「だったら、日米安保を破棄するぞ」という脅しをかけてくるかもしれません。

そうなると、日本政府のほうは、「やっぱり米軍がいなくなったら中国や北朝鮮の脅威を防ぐことができないし……」と、不安になってしまうはずです。

しかし、ＡＩの場合は人間と違って不安を感じることはないので、淡々とリスクの予測をすると思います。

たとえば、日本側が地位協定を変えたいと言った場合に、アメリカが日米安保を破棄してくる確率はどれくらいあるのかを計算し、「確率は一〇〇〇分の一です」「一〇分の一です」といった答えを出してくるでしょう。

さらに、実際に米軍が日本から出ていったとしても、中国の脅威について、「チベットやウイグルなど、中国が国内問題であると思っていることに関しては軍事的な行動を取るものの、ネパールやブータンのような国外に関しては、侵略的な行動を取らないようになってきている」というような分析をするかもしれません。

北朝鮮の脅威についても、米軍が日本から出ていった場合、北朝鮮が攻めてきたとしたら日本は勝てるかどうかＡＩは計算するでしょう。

たとえば「国力からして北朝鮮が日本に勝つ確率は一パーセント未満」というように確率で考えて、「ではアメリカに頼らなくても大丈夫だから、地位協定を破棄してもいい」といった判断をすると思います。

私は、政治はＡＩにさせろと言いたいわけではありませんが、ＡＩに政治の補助をさせたり、アドバイスをさせたりすることは悪いことではないと考えています。

たとえば、「これは確率が低いから無視していい」とか、「それは感情的な判断です」というようなアドバイスができるようにAIにプログラミングするわけです。

どんなに優れた政治家であっても、人間である以上、感情的になって判断がゆがんでしまうことからは逃れられません。そのときに、AIのアドバイスによって、他の合理的な選択肢があることが示されるようになったら、今よりはまともな政治ができるのではないかと思います。

AIは人間を支配するようになるのか

ここで考えなければいけないことは、「AIが人間を支配することはあるのか？」ということです。

こういう話をすると、「SF小説のようなバカげた話だ」と一笑に付す人もいるかもしれません。しかし、AIが人間を支配するかどうかということに関しては多くの識者も関心を寄せているのです。

〝車椅子の天才物理学者〟として有名なスティーヴン・ホーキング博士も、「完全なるAIの開発は、人類の終焉《しゅうえん》をもたらすかもしれない」と述べています。

この問題について、私がまず重要だと思うのは、「ＡＩが人間を支配するかどうか」ということよりも、「〝人間はＡＩに支配されてしまうんじゃないか〟という悲観的な考え方をするのは感情的になっているからだ」ということです。

人間はどうしても嫉妬感情が強いので、自分より優秀な人を見ると、「その人は自分たちをバカにしているんじゃないか？」「自分たちを支配するんじゃないか？」といった不安感情が高まってしまいます。

それは、「学校の成績が優秀だった人に、一般大衆の感情はわからない」とか、「高学歴な人間は威張って偉そうなことばかり言う」といった、学歴社会批判に通ずる心理だと思います。つまり、ＡＩに対する不安の根底にあるのは、言ってみれば、ＡＩに対する嫉妬感情だと思うのです。

その点、ＡＩのいいところは〝感情がない〟という点です。つまり優越感情を持つ必要がないので、ＡＩのほうが人間より優れた判断をしたところで、「オレのほうが偉いんだぞ」と思わず、増長することもないということです。

仮に、ＡＩが、何かの問題について、人間の判断のほうが優れていると判断したとしても、ＡＩが劣等感を持つことはありません。実際、将棋や碁で、人間に負けても、ＡＩは悔しがりません。

何か失敗をしたときには、それを学習して次は失敗しないようにプログラムすることはできますが、失敗したからといって、落ち込んで、それ以上判断ができなくなるということはないわけです。

AIに感情を持たせるべきか

しかし、今後、AIに感情を持たせることがないかというと、それはわかりません。というかむしろ、介護用ロボットや接客用ロボットなどでは、開発者たちは、いかに人間の感情に近い機能を持たせるかを競い合っている面があります。

たとえば、AI機能を備えたアンドロイドみたいなものをつくったとします。顔は絶世の美女で、人間と同じような肌を持っていて、セックスにも対応できるというものです。それが流行るということが実際、何十年か先に来るかもしれません。

そのアンドロイドは、自分が喜ぶようなことを言ってくれるし、いつも愛想よくしてくれるし、どんなにひどいことを言われても決して怒らないうえに、顔も良くて、セックスもいいし、年も取らない、理想の恋人です。

しかし、「たまには怒ったり、すねたり、嫉妬してくれないと、物足りない」というところが、人間にはあるかもしれません。そうすると、「いくら人間に近くても、やっぱりＡＩってつまんないよね」といった話にもなるでしょう。

そうしたときに、ＡＩに嫉妬感情だとか、怒りの感情だとか、優越感情だとかを持たせたとしたら、そのときは、ＡＩが人間を支配しようとする気になるかもしれません。

つまり、ＡＩに人間の感情に近いものを持たせてしまえば、そしてその実現可能性は小さくないと思いますが、知的レベルははるかにＡＩのほうが高いのですから、人間側が支配されるかもしれないということになります。

しかしながら、感情さえ持たせなければ、いくら優秀であったとしても、人を支配したいなどと思うことはなく、したがって、ＡＩが政治をやることに対して過度の不安を持つ必要はないと私は見ています。

「ＡＩが政治をやったら」という仮想状況をもとに、いろいろお話ししてきました。これはＡＩを批判したり、ＡＩによる未来を予測するための考察ではもちろんありません。あくまでも「感情というものがない場合の判断」について考えてみたということです。

感情がないＡＩという場合を考えることで、逆に感情を持っている人間というものが見えてきたところがあるのではないでしょうか。

第五章

「感情の奴隷」にならないために

不適応思考、一二のパターン

これまで、感情的になるとはどういうことか、感情に支配されると判断がどのようにゆがむのかについて、お話ししてきました。

最終章では、そうならないためにはどうすればいいのかについて、考えてみたいと思います。

心の治療法である認知療法では、人間は不適応思考によって判断がゆがんでしまうので、不適応思考から脱却することがとても大事だと考えられています。

不適応思考の代表的な例として、「かくあるべし思考」や「二分割思考」については、すでにお話ししました。認知療法の専門家であるフリーマンは、人間が陥りやすい不適応思考として、この二つを含めて全部で一二のパターンを想定しています。

その一つが「**占い**」です。

これは、将来の出来事に対して否定的な予想をし、それがあたかも事実であるかのように捉えてしまう考え方です。

たとえば、「自分は背が低いから好きになってくれる人は現れないに違いない。結婚もできないんだ」と決めつけてしまって、せっかく異性が近づいてきても自分から避けてしまうということがあります。「将来こうなる」と決めつけてしまうために、ほかの可能性が考えられないわけです。

「**読心**」も不適応思考の一つです。「相手は私のことを嫌っているに違いない」とか、「内心では私のことをバカにしているんだ」というように、相手の気持ちを決めつけてしまって、勝手な解釈をするパターンです。

これらの例を見てもわかるように、不適応思考でいちばん問題なのは、「決めつけてしまう」点です。不適応思考とは、「決めつけ思考」と言ってもいいと思います。

他のパターンも見てみましょう。

「**破局視**」とは、「もうすぐ巨大隕石《いんせき》によって地球は滅亡するんだ」「核兵器で日本は消滅してしまう」といったように、将来に生じる可能性のある出来事について、最も悪い事態を想定して、「そうに違いない」と決めつけてしまう考え方です。こんな大袈裟《おおげさ》なものでなくても、「あの人にふられたら、人生終わり」「受験に失敗したら、生きていけない」「部長に嫌われたら、もう会社ではやっていけない」などと、最悪の極論を考えてしまうパターンがこれに当てはまります。

「**肯定的側面の否定**」とは、たとえばうつっぽい人が、ちょっと状態が良くなったとしても、「こんなものは良くなったうちに入らない」と否定したり、あるいは太っている人が、料理も上手で会話もうまいのに、「そんなことは大したことじゃない」などと良い面を否定して、太っていることばかり気にしてしまうというようなパターンです。

「**過度の一般化**」とは、ある特定の出来事を多くの出来事の中の一つとして見ることができず、それを一般的なものと見てしまう考え方です。

たとえば、一人の少年によるショッキングな殺人事件が起こったときに、「最近の子どもは怖い」と決めつけたり、何人かの新入社員の態度が悪いと、「最近の若いヤツはダメだ」と決めつけたりするのが、このパターンです。

「**選択的抽出**」とは、ある一面に注意を注いで、その他の側面を無視してしまうという考え方です。

仕事でうまくいったことがたくさんあるのに、良くできた面は見ないで、ダメだったことだけを抜き出して、「オレはダメな人間だ」と決めつけてしまうというパターンです。

逆に、良い面ばかりを見てしまうということもあります。周りの人たちが「お前はだまされている。女性を殴るようなあんな男と付き合うな」と忠告しても、「いや、ときどき乱暴はするけど、優しくしてくれるときもあるの」というように、良い面だけを見てしまうわけです。

「**縮小視**」とは、良い特徴や経験を「取るに足らないもの」と捉えてしまう考え方です。たとえば、「お前はいいよなあ。学歴もあるし、仕事もできるんだから」と友人から褒められたのに、「学歴なんか関係ない。仕事ができるといってもオレの代わりなんていくらでもいるんだから大したことない」というように、良いことを過小評価するパターンです。

「**情緒的理由づけ**」は、自分の気分や感情を根拠に物事を判断する、現実の見方がそのときどきの感情に左右されることです。たとえば、気分が良いときは「よし、これから日本の株価は上がるぞ」と考え、うつ的な気分になると、「これ以上日本の株価が上がるはずがない」と悲観的に考えてしまうパターンがこれに当たります。

「**レッテル貼り**」とは、ある事象を個別のものとして捉えずに、レッテルを貼ることです。たとえば、仕事でミスをしたときに、「仕事で失敗した」と考えずに、「自分は失敗者だ。会社の中では完全に負け組だ」というように、〝失敗者〟〝負け組〟などと自分にレッテルを貼るほか、「アイツは〝オタク〟だから」というように、他人にレッテルを貼ることで、その人の別の面が見えなくなるパターンもあります。

「**自己関連づけ**」とは、物事には複数の要因が関連しているのに、自分こそがその最大の原因であると考えるパターンです。

たとえば、チームで取り組んだプロジェクトがうまくいかなかったときに、「すべてオレの責任だ」と考えてしまう人がこれに当たります。仕事の失敗でうつ病になったり、最悪のケースでは自殺したりしてしまうのは、このパターンの人に多く見られます。反対に、仕事がうまくいったときに、「これはすべてオレの手柄だ」と考えるのも、これに当たります。

決めつけない、柔軟になる

これらの不適応思考に対して、認知療法では、「あなた、またこんなふうに考えていますよ」「ほかの可能性も考えられるんじゃないですか？」「もうちょっと思考を柔軟にしましょう」というふうに進めていくのが、基本のパターンです。

そうやって、「白でなければ黒、黒でなければ白」と判断していた「二分割思考」の人が、相手のグレー部分を認められるようになったり、「占い」や「読心」の思考パターンの人が、「でも、ほかの可能性もあるかな」と思えるようになったりと、決めつけを脱して柔軟に判断できるようになることがとても大事だと、認知療法ではみなされているわけです。

そして、このような不適応思考から脱却していくことが、感情に支配されやすい状態から脱却することにもなります。

怒っていい、不安になってもいい

脳科学の立場では、「感情的にならないために感情そのものを抑えるのは望ましいことではなく、また、あまり現実的でもない」と考えられています。

たとえば、人から腹が立つことを言われたときに、怒りの感情が大脳辺縁系で起こらないようにするとか、とても怖い思いをしたときに不安感情が大脳辺縁系で起こらないようにするというのは、現実には不可能です。湧き上がってくる感情を無理やり抑えつけて、ないものにしてしまうことはできません。

それに、何かまずいときに腹を立てたり不安になったりするのは、〝危機を知る〟ことでもあるので、それ自体は決して悪いことではないわけです。

序章でもお話ししたように、『感情的にならない本』という本を出したとき、本の中身を読まずにタイトルだけを見て判断しているのかどうかわかりませんが、「怒ってはいけない、不安になってはいけないと和田が言っている」と、一部で誤解されました。

しかし、私は決して、感情を持ってはいけないとか、怒ってはいけないとか、不安になってはいけないと言っているのではありません。

繰り返しになりますが、「感情を持つこと」と「感情的になること」は全然別のことです。感情が良くない形で言動に現れたり、感情に支配されて判断や思考がゆがんでしまうことが、本書で問題にしている〝感情的〟ということなのです。

脳科学の話に戻ると、人間を感情的な状態から理性的な状態に戻してくれる、つまり、ある感情が起こったときにそれを行動化させないようにするなど、ブレーキをかける働きをしてくれるのが、前にも説明した「前頭葉」という部位です。ですから、やはり前頭葉の働きが良ければ感情的になりにくいと考えることができます。

前頭葉は、画像の上では、四〇代から縮み始めることがわかっています。それによって前頭葉が小さくなれば、当然、その働きも衰えるので、感情をコントロールする機能も低下し、喜怒哀楽が激しくなったり、もっと年を取ったときには〝暴走老人〟になってしまったりします。

また、前頭葉がさらに老化すると意欲も落ちてきてしまいます。その結果、体を動かさなくなり、頭も使わなくなって、要介護状態にもなりやすくなるわけです。ボケたようになったりすることもあります。

そういう意味では、前頭葉を鍛えることは、感情的になりにくくすることであると同時に、老化予防でもあると言うことができます。

難しいことをやっても前頭葉は鍛えられない

では、前頭葉はどのように鍛えればいいのでしょうか。

これにはいろいろなモデルが想定されています。脳科学者たちは、前頭葉の血流をどうやったら増やせるかという実験を、いくつかしています。

たとえば東北大学の川島隆太教授は、「単純計算や音読がいい」と述べています。私自身、百ます計算（スピードを競う単純な計算）をすると、意欲が高まって子どもたちが勉強するようになる姿を、実際にこの目で見てきました。ですので、簡単な前頭葉の鍛え方としては、効果的な方法だと思います。

ただ、私自身が前頭葉を鍛える方法として最も効果的だと思っているのは、「前頭葉を使う」という方法です。その一つが「感情のコントロール」です。

前頭葉は、感情のコントロールをするところなので、逆から考えて、あえて感情的になって、それをコントロールするというトレーニングをするわけです。

たとえば、自分に議論をふっかけてくるような人、それもできるだけ挑発的な人と話をするなど、腹が立つようなシチュエーションにあえて自分を置いてみます。そして、いかに怒りでなく理屈で対抗するか、その腹立ちをいかにして行動化させないようにするか、いろいろ試みることで、前頭葉に刺激を与えるのです。

ある意味最も直接的な方法ですが、正直、かなりストレスフルなやり方です。そこで、もっと意欲的に取り組める方法として、クリエイティブなことをしたり、想定外のことをしたりするのがおすすめです。

「前頭葉を使う」と言うと、「難しいことをやればいい」と考える人がいるかもしれません。しかし、たとえばかなり複雑な経理をやったり、あるいは難しい本を読んだりしても前頭葉は鍛えられません。

難しい本を読んでいるときは、側頭葉にある言語野を使っていると言われています。また、複雑な計算や経理をやっているときは、頭頂葉を使っているだろうと言われています。最近、計算の際には「前頭前野」の血流が増えることが明らかになりましたが、前頭葉を切り取るような手術をしても、言語能力や計算能力は落ちないことが明らかにされています。

では前頭葉はどういうときに使われるのでしょうか。それはたとえば、接客をしているときに予想外の客が来たとか、経理をしていたときに予想外に不正経理が見つかったとかといった場合です。想定外のことが起こると、人間は前頭葉を使ってそれに対処しようとするのです。

そこから考えると、多少損を出してもあまり懐が痛まない程度のお金で、投資をしてみるという方法も悪くはないかもしれません。想定外のことや計算できないことが起こるからです。恋愛なども想定外のことが起こることが少なくないと思います。

しかし、なかには「お金が絡んだりするのはイヤだし、恋愛にもちょっと縁がない」という人もいるかもしれません。そういう場合は、たとえば普段と違う服を着てみるとか、普段と違うレシピで食事をつくってみるといった方法も前頭葉を鍛えるいい方法だと思います。

また、「難しい本を読んでいるときには側頭葉を使っている」と言いましたが、自分と違う意見に出会うと、前頭葉を使うことになります。たとえば思想的に左派の人は保守論調の雑誌を、保守の人は左派系の雑誌を読んでみる。そのようにして、自分と明らかに意見の異なる人の本をあえて読み、「反論を考えながら読む」という方法も、前頭葉を鍛えるのにかなり有効だと思います。

過労・睡眠不足を避け、ストレスをためない

「人間が感情的になるのは、ストレス状況に置かれたときだ」と言われます。

以前、チカンを取材している人から聞いたことがあるのですが、いくらタチの悪いチカンといっても、毎日チカン行為をする人は意外に少ないということでした。

実際に多いのは、ストレスがたまっているときにチカン行為に及ぶというパターンだそうです。たとえば仕事で疲れているとき、会社で不安なことがあるとき、夫婦関係がうまくいっていないときなど、なんらかのストレスを抱えているときに、チカン行為の欲望が抑えられなくなるというのです。

その話を聞いて、私も納得できるところがありました。あるタイプの人はチカン願望そ

のものはずっと持っているのかもしれませんが、捕まったら会社をクビになってしまうとか、示談で解決するにしてもかなりの金額が必要といったことは知っていて、普段は自分の欲望を抑えることができているわけです。

しかし、ちょっと心理的にストレスが多いときだとか、心理的に不安に置かれているときなどに、前頭葉の働きが悪くなって、欲望を抑えられなくなるのでしょう。

秘書への暴言で話題になった豊田真由子前議員も、ストレスのせいで感情的になったのかもしれません。カッとなる人というのは、日頃からストレスをため込んでいることが多いのです。

ストレスを抱えると感情的になりやすいということであれば、感情を暴発させないためにはストレスをため込まないことが大事ということに、当然なります。感情をなくすことができないのと同じで、ストレスそのものをなくすことはできません。でも、睡眠不足にならないようにする、お酒を飲み過ぎないように注意する、ただし気晴らしのために適度なお酒を仲間と飲む、そういった工夫の積み重ねで、ストレスをため込まないようにすることはできます。

ストレスをため込んでしまうと怒りやすくなる人もいれば、うつっぽくなる人もいます。

なかには思考パターンがどんどん否定的になり、「死ぬしかない」みたいな状態になる人もいます。

電通の新入社員の女性が過労自殺した事件がありました。これもストレスが深く関係していることは、間違いないと思います。もちろん、管理職の人のフォローが悪かったのは事実ですが、本人も睡眠不足でどんどんストレスがたまり、不適応思考にはまり込んでしまったということもあるでしょう。

一般に、人は余裕があるときはいい判断ができるのに、余裕がないときは不安や怒りに振り回された判断をする傾向が強くなります。この「余裕」は、精神的な余裕と肉体的な余裕の両方です。過労や睡眠不足は、健康に悪い影響を与えるだけでなく、判断・思考をゆがませるという点でも良くないのです。

感情的にならないとは「大人になる」こと

前に二分割思考のところで、「認知的成熟度」について述べました。白と黒でしかものを考えられなかったのが、白と黒以外にグレーがあるということがわかってくるといったことが、認知的に成熟するということです。

では認知的成熟度を高めるにはどうしたらいいのでしょうか。

たとえば物事を考えるときに、一つのことに対して一つの答えを出すのではなく、いろいろな答えを出してみる。あるいは「あいつはいいやつか、悪いやつか」と判断をするのではなく、「九〇パーセントはいいやつだけど、一〇パーセントはちょっとずるいところがある」といったように、どこかにグレー部分がないか探してみる。そういう習慣をつけることが、認知的成熟につながります。

そして、相手を見るときに、〇点か一〇〇点かでなく、「八〇点ぐらいのやつだ」「六〇点ぐらいのやつだ」という捉え方ができれば、「あいつは六〇点だったけど、最近は八五点に上がってきているなあ」とか、「昔は九〇点だったけど、今は五〇点だな」といった判断もできるようになります。

模擬テストであれ何であれ、私たちは学生時代にテストの点数が変わることを何度も経験しているわけですから、人間だって点数が変わるということを受け入れられるはずです。また、九〇点の人が六〇点に下がっても、再び九〇点に戻らないとはかぎりません。また、五〇点の人が七〇点になり、今度は三〇点にまで下がるかもしれません。こうやって相手を見る幅が広がってくる、要するに、相手を見るのに余裕が出てくるということが、認知的な成熟です。

一般的に、人生経験を積むにしたがって認知的成熟度は高くなりますが、年を取れば取るほど決めつけが強くなり、認知的成熟度が下がってしまうということもあります。また、もともと認知的成熟度が高い人でも、パニックを起こして認知的成熟度が下がってしまうこともあります。

そのように、認知的成熟度そのものも上がったり下がったりするものなので、感情に振り回されないためには、認知的な成熟ということを普段から意識することが大事です。

認知的成熟度が高いということは、心理的な意味でも、認知的な意味でも「大人になる」ということです。感情的になりにくいとは、「大人になる」ことでもあるのです。

確率や数字で考える

感情に振り回されて間違った判断をしないためには、確率や数字で考える習慣を身に付けることも大切です。

北朝鮮が暴発する確率であれ、原発事故が起こる確率であれ、あるいは発がん性物質を摂取したときにがんになる確率であれ、人々が気になっているものや恐れているものの多くは、その確率を調べてみると、一万分の一であったり、一〇万分の一であったりというように、意外に低いことがけっこうあります。

たとえば、確率的に一〇万年に一度起こるようなものだとしたら、一〇万年も生きる人はいないのですから、起こらないものと見てもいいわけです。あるいは一〇万日に一度起こるようなことであっても、閏年《うるう》を除いて単純計算をすれば、一〇万日は約二七四年なので、少なくとも自分が生きているうちにまず起こるものではないと考えることができます。

もちろん、不幸なことに、一〇万分の一の確率で起こる災いに遭遇することもありますが、無視できる確率のものは無視しないと、生きていることが不安だらけになってしまいます。

逆に心配しなければいけないのは、八五歳を過ぎたら半分の人が認知症になるといった、高い確率で起こる悪いことです。

生活保護の問題も同じです。

厚生労働省のデータによると、二〇一六年一月の時点での生活保護の被保護者は約二一六万人です。日本の人口がだいたい一億二六〇〇万人で、そのうち成人の人口が一億人くらいなので、大人一〇〇人のうち二人ぐらいが生活保護を受けている計算になります。

世帯数で見ると、生活保護を受けている世帯は約一六四万世帯で、日本の総世帯数がだいたい五七〇〇万世帯ですから、一〇〇世帯あれば三世帯くらいは生活保護を受けているということになります。

要するに、五〇人に一人（五〇分の一）、三〇世帯に一世帯（三〇分の一）という確率で生活保護を受けている実態があるのですから、全く縁遠い数字ではありません。

人生、明日のことはわからないものです。高給取りで裕福に暮らしていたとしても、明日には会社が倒産してしまうかもしれませんし、リストラに遭うかもしれません。急な病気で仕事ができなくなるかもしれません。たとえばうつ病の生涯有病率は、女性の場合は四人に一人、男性の場合は六人に一人と言われています。大きな災害に巻き込まれて財産をすべて失うことだって、あるかもしれません。

この確率を知りながら、「自分とは関係ない」と言い切れる人は、よほど想像力が欠けていると言えるでしょう。

感情論で「〝働かざる者、食うべからず〟（これももともとは、レーニンが働かないで贅《ぜい》沢《たく》をしている富裕層に対して使った言葉なのですが）だ。生活保護のシステムなんかやめてしまえ！」と言うのは簡単です。しかし、自分が生活保護を受けなければならなくなる確率を考えると、弱者を救済するための非常にありがたいセーフティネットであることは、すぐわかるはずです。

こういう例を見てもわかるように、確率論で考えることは、感情に振り回された判断を避ける良い方法だと言えるわけです。

本当に心配すべきはニュースにならないこと

ここで注意しなければならないのは、マスメディアから流れる情報です。なぜなら、マスメディアには、人々を感情的にして視聴率を稼ぐという面があるからです。また、珍しいことをニュースにし、珍しくないものはニュースにしないのがマスメディアです。

珍しいこととは、起こる確率が低いことです。つまりマスメディアは、珍しいものをニュースとして扇情的に流すので、起こる確率の低いものが、さも大事なことのように見えてしまうのです。

たとえば、小中学生の「いじめ自殺」があると、マスメディアは大きく取り上げます。ですが大人の自殺者は年間で二万人ぐらいいるので、一日に五五人くらい自殺している計算になります。数字的には、大人の自殺のほうがはるかに大きな問題だと言えます。

実際、日本の未来を支える二〇〜三九歳の働き盛りの人たちの死因のトップが「自殺」です。自殺予防は国家にとって非常に重要度の高い事案だと言えるでしょう。しかし、マスメディアはそういう情報はニュースに出しません。

物事というのは、確率や数字が高いものから順に、用心し、対応していくべきなのです。確率や数字が低いものにいちいち用心していたら、お金がいくらあっても足りないし、時間がいくらあっても足りないし、安心がいくらあっても足りません。

たとえば男性の場合、先ほども述べたように、自分がうつ病になる確率が一生のうちに六分の一もあるのですから、そうならないように、「普段からメンタルヘルスをちゃんとしておかないといけないな」と考えるのが当たり前でしょう。一万分の一ぐらいの確率でしかがんが発生しない発がん性物質の心配をするよりは、よっぽど建設的だと思います。

そういう意味で、日頃から、「これってどれくらいの確率なんだろう？」という視点を持つのは大切なことです。

たとえば、「ベーコンやハム、ソーセージなどの加工肉には発がん性がある」というWHO（世界保健機関）の発表記事を見たときに、実際にどれくらいの確率なのかを調べる。喫煙や飲酒の習慣があれば、タバコによる発がん率や飲酒による死亡率などを調べてみる。

そうやって、「やはり喫煙年数が長いとがんになる確率は高くなるんだな」とか、「ああ、アルコールによる死亡率は意外に高いんだな」と自覚すれば、自分がどう対応すべきか、感情に振り回されることなく、適切な判断ができるようになります。

ちなみに、精神障害の一つで、なる確率が高いのに意外と知られていないものに、「依存症」があります。

日本ではギャンブル依存症だけで五〇〇万人以上、アルコール依存症は二〇〇万人、ニコチン依存症は一三〇〇万人もいるという統計があります。インターネットやゲーム、薬物や他の依存症をすべて合わせると、三〇〇〇万人を軽く超えます。日本人の六人に一人は依存症というわけで、精神障害のなかでも最も多いと言ってよいでしょう。

依存症になる人が多いのは、依存症になる確率の高さがあまり知られていないことが、理由の一つだと思います。

たとえば薬物依存症の場合、覚醒剤に一回手を出してしまうと、三人に一人くらいは依存症になってしまうことがわかっています。この確率の高さから見ても、覚醒剤はとても怖いものなのです。タバコも三人に一人くらいは依存症になると言われ、アルコールの場合も二〇人に一人ぐらいの確率で依存症になります。

諸外国では、依存症を防ぐためにアルコールのコマーシャルを制限するようにというWHOの勧告に従っている国が多くあります。しかし日本では、アルコールメーカーはテレビ番組のスポンサーのお得意様で、飲酒シーンを含んだコマーシャルが頻繁に流されています。

テレビドラマや映画でも、最近は喫煙シーンこそ減りましたが、飲酒シーンはよく登場します。それを見て「カッコいい」という感情に動かされ、お酒やタバコに手を出す若い人もいるでしょう。ですが、依存症になる確率の高さを知っていれば、テレビの見方も変わり、安易に手を出す人は少なくなるはずなのです。

損か得かで考え「勘定的」になる

「感情的」という言葉の反対語は、一般的には「理性的」なのでしょうが、私はここで、「勘定高い」という言葉を挙げたいと思います。

本書では、感情的であることの問題点をいろいろ述べてきたのですが、感情的であるがゆえに人間らしいという側面は、確かにあります。

一方、「勘定高い」という語には、損か得かしか考えない、ドライでがめついというニュアンスがあります。

しかし現実問題として、感情的になって判断を誤らないためには、これをすることが自分にとって損か得を計算し、「勘定高く」発言したり行動したりすることが、ブレーキとしてはとても効果的だと、私は考えています。

また、損か得かを考える場合、昔と今ではずいぶん状況が違っているところもあるので、その点は注意しておく必要があります。

特に会社の中での言動には注意が必要です。昔であれば普通の叱責や軽口として済んでいたことが、現代ではパワハラやセクハラと受け取られてしまう可能性があります。

しかも、ハラスメントは、現在の定義では、相手がそう感じた時点でハラスメントとして認定されてしまいます。

ましてや今は、誰もがスマホを持っている時代ですから、いつ自分の言葉が録音されているか、わかりません。豊田真由子前議員も、まさか秘書が自分の暴言を録音しているとは思わなかったはずです。

また、有名人の場合、ちょっとした言動がネットで叩かれて炎上することがよくありますが、無名な一般人だからといって安心はできません。客商売などの場合、客のわがままにちょっと腹を立てただけでも、「あそこの店員の接客態度は最悪だ。名札を見たら××という名前だった」みたいな話がSNSで広まってしまうという可能性もあるからです。

現代はどこもかしこも〝壁に耳あり、障子に目あり〟の状態だと考えていいでしょう。昔以上に「君子危うきに近寄らず」という姿勢を保持しておくぐらいで、ちょうどいいのだと思います。

時間をかけて考える

感情的にならないためには、「時間をかけて考える」ことも重要です。

先に振り込め詐欺のところで述べましたが、考える時間を与えないことは、相手を感情的にさせて判断を誤らせるのに、非常に効果のあるテクニックです。

逆に時間的制約がなければ、電話を受けていったんパニックになっても、その後冷静に戻り、電話の内容の矛盾に気付いたり、「いつもの息子の話し方ではなかったな」などと考えたりすることができます。

国会中継などを見ていると、省庁の役人が参考人として呼ばれ、「あとで調べてお答えします」などと答弁することがよくあります。

いわゆる「官僚答弁」というものですが、それに対して国会では「今すぐ答えろ！」というヤジが飛んだり、マスメディアも「あとで調べて答えるという、ありきたりな官僚答弁では許されない」みたいな叩き方をしたりします。

即座のレスポンスが求められるのは、テレビの世界も同じです。ワイドショーや討論番組には何度も出たことがありますが、テレビのような秒刻みの場で、何か一つの問題について、根拠のある、的確かつ妥当なコメントを述べるのは、ほとんど不可能です。そして、そのようなコメントはテレビの側も求めていません。彼らが欲しいのは、極端に言えば内容はどうでもよく、視聴者を（多くの場合は感情的に）納得させる素早いレスポンスです。じっくり考えて答える人よりも、パッと答えられる人のほうがテレビでは受けるわけです。

このように、「時間をかけてゆっくり答える」ことが評価されないのが、最近の風潮ですが、私はそれはバカげたことだと思っています。

官僚の答弁にしても、実際には、調べてからでないと答えられないことのほうが多いものです。「あとで調べて答えます」と言っておきながら、いつまで経っても答えないのは問題ですが、「調べてから返事をする」とか「考えてから返事をする」のは、決して悪いことではありません。

テレビ番組でもそうです。その場で何でもパッと答えたり、〝立て板に水〟のごとく滑らかな舌でしゃべりまくる、頭の回転が速そうに見える人でも、あとで録画したものを見てみると、全く根拠のないことを言っていたり、単に感情的な発言をしていたりするものです。

世間一般の常識に照らせば、「調べてから返事をする」ほうが、中身のないあやふやな返事をされるよりも、礼儀にかなったことであり、信頼できるものであることは当然でしょう。

商談や交渉事など、日常生活の場面で、すぐに返事を求められたら、相手にやましいところがあるぐらいに考えて臨むのがいいと思います。

商談で、先方がすぐに契約させたがる場合は、「ゆっくり考える時間を与えたくない」「冷静になられると困る」といった心理が働いていることが少なくありません。

買い物の場面でも、売る側が「こんなに安いんですよ。でも、安いのは今日までです。今買っておかないと損ですよ」みたいなことを言う人は多いですが、焦らなくても売れるものを売っている人は、そんな言い方はしなくていいわけです。そこで引っかかってはいけないと思います。

「タイムセールです！　今から一〇分間だけ二〇パーセントオフですよ！」という言葉に煽られて、買わなくてもいいものをつい買ってしまうという人も、いったんお店から離れるなり、パソコンを閉じるなり、少しでもいいので時間を置くようにしましょう。たったそれだけのことでも頭がカーッとなって衝動買いしてしまうことを抑えられ、無駄遣いを減らすことができます。

自分に都合のいい判断をしていないかチェックする

ここまで述べてきたように、人間は、どんな人でも、感情に支配され、判断がゆがんでしまっていることが、往々にしてあります。

これは「自分が見えていない状態」、もっと言うなら、「バカになっている状態」「頭の悪い状態」です。

そこで大事なのが、序章でも述べた「メタ認知」です。「自分の今の判断は感情に振り回されたものでないのか？」「不適応思考のパターンに陥っていないか？」などと、自分の判断を客観的に見るのです。

認知心理学では、「判断についての判断をする」「自分の認知について、さらに上から認知をする」という「メタ認知」ができるのが、頭の良さの必須条件だと考えます。

認知心理学では、「メタ認知的な知識」と「メタ認知的な活動」の二種類のメタ認知が想定されています。

これまで私が、「感情的になるとはこういう状態だから、こんなふうにならないようにしましょう」と述べてきたのは、人間全般の認知パターンについての知識であり、「メタ認知的な知識」と言えます。

たとえば「人間は損に反応する」「ハイな気分のときは楽観的な判断をし、落ち込んでいるときは悲観的な判断をしがちである」というパターンを知っていること、それがメタ認知的な知識です。

これまで述べてきたことに加えてもう一つ、認知的不協和に近いのですが、人間には、「自分に都合のいい判断をする」というパターンもあります。

たとえばタバコを吸う人は、「タバコには気分を和らげる効果がある」「タバコを吸っている人のほうがそうでない人よりも自殺をする確率が低い」といった情報があると、それが頭に強く残って判断基準にしたりします。

逆にタバコを吸わない人は、「タバコを吸うと、いかに肺がんになりやすいか」とか、

「タバコを吸うと肺がん以外にも、肺気腫という怖い病気になる恐れがある」といった情報に目が行き、それが頭に残ります。

実際にタバコを吸う人と吸わない人を対象に、実験が行われたことがあります。

これは東大で行われたもので、喫煙者と非喫煙者を対象に、「世の中の喫煙率はどれくらいだと思いますか？」という質問をしたのです。

その結果、タバコを吸う人は、「四〇パーセントぐらいは喫煙者だろう」「五〇パーセントは愛煙家だと思う」などと答え、タバコを吸わない人は、「一〇パーセントぐらいしか愛煙家はいない」などと答えました。

このように、人間は、自分に都合のいい判断をしがちなものです。

自分の認知パターンを修正しなければ意味がない

なぜこのようなメタ認知が重要なのかと言えば、人間が陥りやすい感情的な心理に関する知識が多ければ多いほど、そういう落とし穴に引っかかりにくくなるからです。

といっても、メタ認知的な知識があるだけでは意味がありません。

たとえば本書を読んで「ああ、確かにそうだね」と納得しても、「でもまあいいか、しようがないよ」で終わってしまって、全く自分の認知パターンを変えようとしない人がいます。

感情によって判断が変わってしまう人に、「お前は、気分が乗っているときと、落ち込んでいるときとで、ものすごく判断が変わるぞ」と指摘しても、「オレって、そういう人だから」みたいなことを言って、あとは聞く耳を持たないというケースが、現実にけっこうあるわけです。

しかし、お天気屋であることは、現実の社会ではあまり望ましくないことが多いわけですから、「オレってそういう人だから」で済ませずに、修正すべきは点は修正していこうとしなければいけないわけです。

つまり、「メタ認知的な知識」だけでは足りず、自分の認知パターンを変えることが大事になるわけです。これを「メタ認知的な活動」と言います。

これまでに「かくあるべし思考」や「二分割思考」をはじめ、不適応思考のパターンをいろいろと見てきました。それを読んで、「人間は、感情的になるとこのような思考パターンに陥り、判断を誤るんだな」ということを知ったとしても、自己モニターをし、自戒し、修正するという作業をしなければ、それらの知識を持っていないのと何も変わりません。

「ああ、オレは今落ち込んでいるからつい悲観的な判断をしているけど、楽観的なこともちょっとは考えないといけないな」とか、「オレは自分に都合のいい判断をしているから、ちょっと別の情報を入れないといけないな」までいくことによって初めて、感情的になることのマイナス面から逃れることができるわけです。

メタ認知に関しては、「メタ認知的な能力が高い」とか「メタ認知的な能力が低い」といった言い方がよくされるのですが、序章でも述べたように、実は多くの認知心理学の学者は、メタ認知を「能力」ではなく、「態度」「心がけ」だと考えています。

ここでのポイントは、「私はメタ認知の能力がない」という考え方をするのではなくて、「態度を変えればメタ認知が働く」と捉えることです。ですから、認知心理学者たちは、「あの人はメタ認知が働くよね」という言い方をするわけです。

つまりメタ認知は、「働かせるかどうか」が問題で、いくらメタ認知的な知識が多くても、実際に心がけていなければ、「メタ認知が働いていない」ということになります。本書が読者の皆さんの役に立つかどうかは、本書で得た知識をもとに、自分を改めようとする態度や心がけ次第ということでもあります。

正解を求めすぎない

実は、私はこの一〇年ないし二〇年の間で、「多少は賢くなったなあ」と思うところがあります。逆に言えば、「昔はバカだったなあ」と思うわけですが、それは何かというと、「正解を求めすぎないことが大事である」ということがわかるようになったのです。

昔の私は、精神分析の理論であれ、あるいは医学の理論であれ、「これが正しくて、これまでの学者の言うことは間違っている」という言い方をよくしてきました。

「正解」を求める傾向が非常に強く、いろいろ調べたり思考を重ねたりするなどして「これが正解だ」というものを得たら、それを主張する、ということをやっていたのです。

しかし、自分が正しいと思うことを追究していると、自分と違う意見を持つ相手は間違っているということになるわけですから、つい厳しい口調で批判したり、相手の間違いを探そうとしたり、あるいは相手の主張に賛同する人に腹が立ったり、逆に自分の主張に賛同してくる人に対して、「あなたは賢いなあ」と褒めたくなったりするような心理になります。

それが、ここ一〇年、二〇年の間に、「おそらく今のところは正解だ」(つまり、将来正解が変わる可能性を留保している)と言えるようになったわけです。そこが、自分で少し賢くなったように思える点です。

もちろん、賢くなったと思うのはうぬぼれかもしれませんが、少なくとも、「自分が持っている正解以外を認めない」という態度ではなく、ほかの人が自分と違う意見だったとしても、「あなたの言っていることが正しい可能性はあるけれども、私の言っていることが正しい可能性もゼロではないですよね」とか、「試してみないと正しいかどうかわかりませんよね」ということは、言えるようになりました。

現実的な話をすると、肩書のある偉い教授とか、社会的地位が高い人とか、あるいはその世界の権威と言われるような人には、「自分が絶対に正しくて、ほかのやつが間違っている」という考え方をする人が多くいます。自分の意見と違う意見を潰そうとすることは、当たり前のように行われています。

私もかつてはそれに近かったわけですが、ほかの意見も正しいかもしれないという可能性を受け入れるようになると、そういう〝偉い〟人たちの姿を見て、「この人たちは認知的成熟度が低いなあ」と思うようになりました。

世の中で行われている〝オレが正しくて、お前が間違っている〟型の議論は、感情的なものになりがちです。自分が正しいと思っていることを否定され、自己愛が傷つくので、面白いわけがないのです。お互いにそう思っていれば、子どものケンカ状態になるのは当然です。

しかし、「その可能性もあるけれども、この可能性もあるよね」と言って、お互いに可能性を認め合えば、少なくとも感情的なケンカにはならないはずです。

「それでは、答えが出ないじゃないか？」と思う人もいるかもしれません。しかし、「答えを出さなくてもいいんだ」という考え方もあるのです。

また、今「答えを出す」ことにこだわるなら、「答えが出ないから、一応試してみよう」という考え方をすれば、その試行の中から正解が見えてくるかもしれません。

そしてそうやって見えてきた正解も、時代によって変わるかもしれません。健康常識のようなものだって、昔は常識だったことが、現在では間違いとされている例はたくさんあります。

「今のはあくまでも暫定的な正解だ」と思っていれば、感情的にならないだけでなく、新しい理論が出てきたときも柔軟に対応できて、何歳になっても頭を良くしていくことができます。

というわけで、「正解を求めすぎない」ということ、あるいは「正解があると思いすぎない」ということが、感情的な判断から脱却するためには重要なポイントと思えるようになったのです。

かつての私は、正解や最善の答えを求めて勉強してきたわけですが、現在は、正解を求めるために勉強するのではなく、「世の中にはいろいろな考え方があることを知るために勉強する」というのが基本スタイルになりました。

愚痴を聞いてもらう、頼る、相談する

最後に、「人間は、一人で考えていると、感情的になってしまいますよ」ということを言っておきたいと思います。

感情的にならないためには、愚痴を聞いてもらう、頼る、相談するなど、「人に聞く、人に話す」ということがとても大事です。

たとえば「振り込め詐欺みたいな電話が来て、こんなことを言われたんだけど、どう思う？」と話を聞いてもらえば、「それはちょっと確率的に低い話だから、ひっかからないほうがいいよ」といった言葉が返ってくるかもしれません。そういう返事をもらっただけで、パニック状態や極度に不安な状態から離れることができるはずです。

つい不安になってしまうとか、ついつい怒りっぽくなってしまうといった、感情のコントロールがうまくいかないときに、誰かに話を聞いてもらうだけでも、感情的な状態が収まります。自分では考えられなくなっている、ほかの選択肢を知ることもできるでしょう。

話を聞いてもらった相手の返事にカッとなってしまうこともなくはないと思いますが、自分だけで考えているとエスカレートしがちな考え方が、人に話すことで和らいでくるというのは確かです。

話を聞いてくれた相手がこちらと一緒になって怒ったり、不安になってしまったり、あるいはパニックになるということもないわけではないのですが、一般的には意見や考えが完全に一致する人間というのは少ないので、その点はあまり心配する必要はないと思います。

なかには、「話を聞いてくれる人がいない」という人や、あるいは「友人に悩みや不安を打ち明けにくい」という人もいるかもしれません。そういう場合は、プロのカウンセラーや精神科医に話を聞いてもらうというのも一つの方法だと思います。

精神的な病気でもないのに精神科医に話を聞いてもらうというのは、保険の問題も含めていろいろ難しいところがあるかもしれません。ですが、最近は心理カウンセラーが増えてきているので、そういう人たちを上手に利用するといいと思います。

本書では、「感情的とは何か」ということを考え、それに対して知的に解決する方法を見てきたわけですが、そうはいっても、なかなか思い通りにいかないということはあるでしょう。そんなときのために、「人に聞く、人に話す」という方法は、一般に思われているよりもずっと大事で役に立つということを、覚えておいていただければと思います。

いろいろ述べてきましたが、「感情的にならない」ということが完璧にできなくても、「感情に振り回されていないかということを、いつも意識している」だけでも、ずいぶんと感情的状態から脱却できることは間違いありません。

本書で書かれたことについて全部納得することはできないかもしれませんが、その一部でもヒントになったと思えるのであれば、今後のより良い人生のために、ぜひ日常に生かしていただきたいと思います。

あとがき

私は長年、精神科医の傍ら、通信教育などを通じて、大学受験指導をしてきました。受験の難しいところは、学力をつけただけで成功するとは限らないということです。

日本の受験指導では偏差値相応の学校を受けさせることが多いので、同じくらいの学力の子どもたちが合格を競い合うのが通常の形です。

そのため、模試の成績ではずっと合格可能性八〇パーセントというような子どもが、当日ミスをしたりパニックになったりして不合格になってしまうということが起こります。

そこで私は、受験の日までに志望校の合格最低点を取るための対策だけでなく、当日のミスを減らす対策や不安を和らげる対策も指導するように心がけています。

ミスを減らす対策とは、「もっと気をつけろ」という精神論とか、時間が足りないのに「見直しをしっかりやれ」といった非現実的なものではありません。よくあるミスのパターンを知って、それについて事前の対策をしておくというものです。

そう考えて、受験生がよく犯すミスを五〇個列挙し、それへの対策を書いた『ケアレスミスをなくす50の方法』（ブックマン社）という本を書いたのですが、あまり売れませんでした。受験生は勉強さえしていれば受かると思うのか、ミス対策を真剣に考えない人が多いようです。

前置きが長くなりましたが、実は人生も似たようなものではないかと私は考えています。日本人は勤勉で、教養のある人間を尊敬する傾向も強くあります。ですが、一度獲得した頭の良さを肝心の本番で発揮できない事態や、普段の仕事中にとんでもない判断ミスをしてしまう事態を防ぐといった、「守り」ができていない気がするのです。

さらには、ミスで痛い目に遭っても、反省してこれからの人生のためにミス対策をしようと思う人は、案外少ないようです。

本書は言ってみれば「守り」の本です。いろいろ出ている自己啓発書の中でも、この手の本は圧倒的に少ないのですが、「守り」の対策ができていなければ、せっかく本を読んで「賢く」なっても、意味が半減することでしょう。

人間は誰でも、かなり知的レベルの高い人であっても、「感情」によって、せっかく勝ち得た成功をふいにしてしまうことがあります。本書ではそのような、感情的判断に陥ることの怖さを書いてきました。

人間が感情的判断をする確率が高いのは、最近の選挙結果を見てもわかります。それまで「希望」の星だった政治家も、政策ミスをしたわけではないのに、たった一言の失言で、ダメ政治家の典型のように思われてしまうのです。

政治家にとっては失言の怖さが示された選挙でしたが、有権者サイドから見たら、自分のこれからの生活に大きな影響を与える国政選挙であっても、政策より好き嫌いの感情で投票しているということを如実に示した選挙でもありました。

本書の内容に反発を抱いた人もいらっしゃるかもしれませんが、全く当てはまらないという人は、私も含めてまずいないでしょう。

第五章の最後のほうでも書きましたが、それに気付いたあと、わずかでも態度を変えることができれば、人生や仕事のうえで思わぬ失点を防げると、私は信じています。

二〇一七年一二月

和田秀樹

著者略歴

和田秀樹《わだひでき》

一九六〇年大阪府生まれ。東京大学医学部卒。
東京大学医学部附属病院精神神経科助手、
米国カール・メニンガー精神医学校国際フェローを経て、精神科医。
国際医療福祉大学大学院教授。和田秀樹こころと体のクリニック院長。
一橋大学経済学部非常勤講師。川崎幸病院精神科顧問。
40万部を超えるベストセラーとなった『感情的にならない本』
(新講社ワイド新書)をはじめ、『バカとは何か』(幻冬舎新書)ほか、
心理学・精神医学、高齢者問題・アンチエイジング、
受験勉強・教育問題と幅広いジャンルにわたり多数の著書がある。

幻冬舎新書 488

感情バカ

人に愚かな判断をさせる意識・無意識のメカニズム

二〇一八年一月三十日 第一刷発行
二〇二二年八月二十五日 第二刷発行

著者 和田秀樹

発行人 見城徹
編集人 志儀保博
発行所 株式会社 幻冬舎
〒一五一-〇〇五一 東京都渋谷区千駄ヶ谷四-九-七
電話 〇三-五四一一-六二一一(編集)
〇三-五四一一-六二二二(営業)
公式HP https://www.gentosha.co.jp/
ブックデザイン 鈴木成一デザイン室
印刷・製本所 中央精版印刷株式会社

Printed in Japan ISBN978-4-344-98489-9 C0295
わ-1-2

*この本に関するご意見・ご感想は、左記アンケートフォームからお寄せください。
https://www.gentosha.co.jp/e/

和田秀樹
バカとは何か

他人にバカ呼ばわりされることを極度に恐れる著者による、バカの治療法。最近、目につく周囲のバカを、精神医学、心理学、認知科学から診断し、処方箋を教示。脳の格差社会化を食い止めろ！

小山薫堂
考えないヒント
アイデアはこうして生まれる

「考えている」かぎり、何も、ひらめかない――スランプ知らず、ストレス知らずで「アイデア」を仕事にしてきたクリエイターが、20年のキャリアをとおして確信した逆転の発想法を大公開。

林成之
脳に悪い7つの習慣

脳は気持ちや生活習慣でその働きがよくも悪くもなる。この事実を知らないばかりに脳力を後退させるのはもったいない。悪い習慣をやめ、頭の働きをよくする方法を、脳のしくみからわかりやすく解説。

小谷野敦
面白いほど詰め込める勉強法
究極の文系脳をつくる

膨大な〈知〉を脳の許容量いっぱいにインストールするコツは「リスト化」「記号化」「年表化」の三技法！　文藝評論家で留学経験があり、歴史や演劇にも詳しい著者が教える、博覧強記になれる最強ノウハウ。

齋藤孝
イライラしない本
ネガティブ感情の整理法

イラつく理由を書き出す、他人に愚痴る、雑事に没頭する、心を鎮める言葉を持っておくなど、ネガティブ感情の元凶を解き明かしながらそのコントロール方法を提示。感情整理のノウハウ満載の一冊。

藤井雅子
人はなぜ怒るのか

ぞんざいに扱われたり、周囲の評価が自分が思うより低い時などに人は怒る。その感情の裏には失望や寂しさ、不安などの別の感情が潜んでいる。怒りの仕組み、抑え方、適切な表現方法を指南！

中野信子
シャーデンフロイデ
他人を引きずり下ろす快感

「シャーデンフロイデ」とは、他人を引きずり下ろしたときに生まれる快感のこと。なぜ人間は他人に「妬み」を覚え、その不幸を喜ぶのか。現代社会が抱える病理の象徴の正体を解き明かす。

五木寛之
健康という病

健康という病が、今日本列島を覆っている。溢れる情報の中、専門家の意見は分かれ、私たちは振り回されてばかりだ。どうすればいいのか？　必要なヘルスリテラシーとは？　健康不安が消える新・健康論。

幻冬舎新書

朝日新聞社会部
きょうも傍聴席にいます

長年の虐待の果てに、介護に疲れて、愛に溺れて、一線を越えてしまった人たち。日々裁判所で傍聴を続ける記者が、紙面では伝えきれない法廷の人間ドラマを綴る。朝日新聞デジタル人気連載の書籍化。

阿部恭子
息子が人を殺しました
加害者家族の真実

連日のように耳にする殺人事件。当然ながら犯人には家族がいる。突然、地獄に突き落とされた加害者の家族は、その後、どのような人生を送るのか？　加害者家族の実態を赤裸々に綴る。

成田聡子
したたかな寄生
脳と体を乗っ取り巧みに操る生物たち

ゴキブリを奴隷のように仕えさせる宝石バチや、泳げないカマキリを入水自殺させるハリガネムシなど、恐るべき支配力を持ち、時に宿主を死に至らしめる寄生＝パラサイトという生存戦略を報告。

丹羽宇一郎
死ぬほど読書

「どんなに忙しくても、本を読まない日はない」――伊藤忠商事前会長で、元中国大使が明かす究極の読書論。「いい本を見抜く方法」「頭に残る読書ノート活用術」等々、本の楽しさが二倍にも三倍にもなる方法を指南。

岡田尊司
過敏で傷つきやすい人たち
HSPの真実と克服への道

決して少数派ではない「敏感すぎる人(HSP)」。この傾向は生きづらさを生むだけでなく、人付き合いや会社勤めなどを困難にすることも。過敏な人が幸福で充実した人生を送るためのヒントを満載。

藤えりか
なぜメリル・ストリープはトランプに嚙みつき、オリバー・ストーンは期待するのか
ハリウッドからアメリカが見える

トランプ政権誕生と反エスタブリッシュメントのうねりにより、大きく揺らぐハリウッド。ハリウッドは、アメリカは、どこへ向かうのか――話題の映画の背景と監督・俳優らの肉声から時代の深層に迫る。

川上徹也
一言力《ひとことりょく》

「一言力」とは「短く本質をえぐる言葉で表現する能力」。「要約力」「断言力」「短答力」など「一言力」を構成する7つの能力からアプローチする実践的ノウハウで、一生の武器になる「一言力」が身につく一冊。

佐々木閑　大栗博司
真理の探究
仏教と宇宙物理学の対話

仏教と宇宙物理学。アプローチこそ違うが、真理を求めて両者が到達したのは、「人生に生きる意味はない」という結論だった！　当代一流の仏教学者と物理学者が縦横無尽に語り尽くす、この世界の真実。

幻冬舎新書

プラユキ・ナラテボー　魚川祐司

悟らなくたって、いいじゃないか

普通の人のための仏教・瞑想入門

出家したくない、欲望を捨てたくない、悟りも目指したくない「普通の人」は、人生の「苦」から逃れられないのか？　「普通の人」の生活にブッダの教えはどう役立つのか？　仏教の本質に迫るスリリングな対話。

瀧靖之

脳はあきらめない！

生涯健康脳で生きる　48の習慣

2025年、65歳以上の5人に1人が、認知症になる時代がやってくる。今ならまだ間に合う！　16万人の脳画像を見てきた脳医学者が教える、認知症にならない脳のつくり方。

杉崎泰一郎

沈黙すればするほど人は豊かになる

ラ・グランド・シャルトルーズ修道院の奇跡

机、寝台、祈禱台のほか、ほとんど何もない個室で、一日の大半を祈りに捧げる、孤独と沈黙と清貧の日々――九〇〇年前と変わらぬ厳しい修行生活を続ける伝説の修道院の歴史をたどり、豊かさの意味を問う。

奥田祥子

男という名の絶望

病としての夫・父・息子

凄まじい勢いで変化する社会において、男たちは絶望の淵に立たされている。リストラ、妻の不貞、実母の介護、DV被害……そんな問題に直面した現状を克服するための処方箋を提案する最新ルポ。